AF590870

MADAME

D'HERCULAIS

1619 - 1654

MADAME

D'HERCULAIS

1619 - 1654

PAR

A.-M. DE FRANCLIEU

GRENOBLE
BARATIER ET DARDELET
LIBRAIRES
4, Grande-Rue, 4

LYON
AUGUSTE COTE
LIBRAIRE
8, Place Bellecour, 8

1893

LETTRE

ADRESSÉE A L'AUTEUR

PAR

Mgr L'ÉVÊQUE DE GRENOBLE

Grenoble, le 20 février 1893.

Ma chère Fille,

Vous l'avez dit : « Le 20 août 1891, des ouvriers occupés à transformer l'ancienne église des Jésuites en salle de gymnase, pour un lycée de filles, découvrirent sous la grande chapelle, à gauche de l'abside, un caveau... On ne tarda pas à y voir apparaître un cercueil de plomb... fendu dans toute sa longueur... » Porté dans la cour du lycée, il fut reconnu comme étant celui de Marie de Valernod, épouse de Jean-Claude de Tournet de Theys, seigneur d'Herculais, capitaine dans les armées royales et chevalier de Malte.

Déposé à la Bibliothèque de la ville, ce cercueil est

maintenant à Sainte-Marie-d'en-Haut, au couvent des Ursulines.

Ma chère Fille, vous avez raconté en un charmant petit ouvrage la vie de Marie de Valernod et vous l'avez arrachée à l'oubli. Qui, dans le Dauphiné, connaissait la fille de Jean de Valernod et de Louyse de Lyonne, Marie, devenue dame d'Herculais?

Cependant elle fut grande en ce pays par sa naissance et sa sainteté.

« L'hôtel de Mirabel, que la châtelaine des Rioux occupait à Grenoble, lorsqu'elle quittait sa maison forte, » proche Saint-Vallier, offrait un spectacle incomparable, le jour où la jeune Marie de Valernod célébra ses fiançailles avec le noble seigneur d'Herculais. Outre ses illustres parents, se pressaient autour d'elle les représentants des plus grandes familles de la contrée. Mais la mémoire des hommes est oublieuse, et si quelque affamé de gloire veut se guérir de son mal, qu'il regarde ce cercueil délaissé, dont vous écrivez si bien, ma chère fille. Cependant c'est le cercueil d'une femme qui a brillé d'un grand éclat à Grenoble, et dont Guy-Allard, que vous citez, disait :

« Elle fut l'exemple des vertueuses de son temps, la gloire de son sexe par son esprit, l'honneur de son siècle par sa piété et le modèle des épouses qui veulent plaire à Dieu et s'accommoder aux volontés d'un mari... »

Oui, elle fut l'exemple des vertueuses de son temps, et l'on peut affirmer que pour rencontrer des âmes aussi oublieuses d'elles-mêmes que le fut la noble dame d'Herculais, il faut les chercher parmi celles que l'Église a placées sur nos autels.

Chose admirable! Cette épouse si attentive envers son époux; si gaie, si enjouée, si pleine d'esprit, qui ravissait les sociétés où elle se trouvait, était arrivée à un degré éminent d'union avec Jésus-Christ, à tel point qu'on peut la regarder comme une compagne et une devancière de la bienheureuse Marguerite-Marie, à qui notre divin Sauveur daigna révéler les trésors infinis de son cœur, embrasé d'amour pour le salut des hommes.

Vos écrits, ma chère fille, si bien documentés, si remplis de faits indéniables, quoique d'une nature qui échappe à l'appréciation des esprits vulgaires, sans échapper à leur critique, ne peuvent manquer de réveiller la piété dans les âmes de bonne volonté, et d'allumer les flammes de l'amour divin dans les cœurs, restés chastes au sein du monde, par leur fidélité à Celui qui est et s'appelle lui-même l'ÉPOUX DES AMES.

Hâtez-vous, je vous prie, de donner à notre société Dauphinoise ce pieux labeur de vos études, de vos recherches, de votre dévouement à l'Église et à Jésus, son divin Fondateur. Qu'il daigne, ce bon Maître, vous accorder encore de longues années! Vous les employez si bien.

Tout vôtre en Lui.

† AMAND-JOSEPH, Ev. de Grenoble.

I

NAISSANCE ET ÉDUCATION

« *Vive Jésus dans notre vie et dans notre mort !* » La pieuse femme qui ouvrait ainsi son testament, le 12 décembre 1651, à Grenoble, en l'un des plus brillants hôtels de la cité [1], était née dans la maison forte des Rioux, à peu de distance de Saint-Vallier, en 1619. Elle se nommait Marie de Valernod.

Son père, noble Jean de Valernod, seigneur de Fay, avait un grade dans la cavalerie; sa mère, Louyse de Lyonne, était fille de Sébastien de Lyonne, trésorier général, et de Bonne de Portes. Tous deux appartenaient à des familles anciennes, qui avaient su acquérir dans les travaux de la magistrature et les charges du parle-

[1] Chez M. le conseiller Guérin.

ment, la noblesse, l'influence et la fortune, sans y rien perdre de leur foi.

Leur mariage fut béni de Dieu. Quatre enfants : Hugues, Humbert, Marie et Sébastienne, vinrent bientôt peupler leur vieille demeure de joie et de tendresse. La naissance de Marie surtout y projeta comme un rayonnement céleste.

Entre tous les enfants de Jean de Valernod et de Louise de Lyonne, elle devait recevoir de son Créateur une mission particulièrement grande et bénie. Quelle destinée, en effet, que celle d'exalter, en face du Jansénisme naissant, la bonté infinie de Dieu, sa tendresse pour les pécheurs, son amour dans la Sainte Eucharistie, et cela, en Dauphiné, dans cette ville de Grenoble que les protestants avaient, à la fin du XVIe siècle, imprégnée de leurs doctrines, désolée de leurs blasphèmes, après l'avoir inondée de sang, et où l'erreur nouvelle allait trouver tant d'éléments de vie !

Aussi, dès le berceau, Marie est-elle signalée à l'attention et au respect de ses proches : c'est le vénérable Pierre de Valernod, naguère évêque de Nîmes, revenu à Saint-Vallier, une palme de martyr entre les mains ; il se fait apporter sa petite-nièce et annonce, en la bénissant, que « *le Seigneur aura, en cette enfant, une épouse bien fidèle, qu'il faut avoir grand soin de son éducation et qu'on verra une merveille!»* [1] C'est un pieux pélerin, des montagnes du Dauphiné, hôte et ami de la famille de Valernod, frère Antoine Maillet [2], qui s'écrie, en la voyant paraître dans les bras de sa mère : « *Cette petite mignonne sera un portrait bien achevé du Souverain Maître... Il y mettra ses complaisances et en tirera beaucoup d'honneur !* »

Destinée à ranimer autour d'elle le feu de l'amour Divin, il était nécessaire que Marie en

[1] *Oraison funèbre de feue noble Marie de Valernod, dame d'Herculais, par le R. P. Morin, de la Compagnie de Jésus.*

Cette oraison funèbre n'est pas le seul document que nous avons interrogé pour écrire la notice de Mme d'Herculais.

Nous avons eu recours aux *Discours choisis du R. P. Bertal, jésuite*. L'un de ces discours se termine par un abrégé de la vie de la pieuse servante de Dieu.

Quatre recueils manuscrits nous ont également offert beaucoup de renseignements:

Le 1er est intitulé: *Résolutions et affections de feue Mme d'Herculais, en divers temps;*

Le 2e: *Recueil des grâces que mon âme a reçues de son Créateur;*

Le 3e: *Recueil des actions remarquables de feue Mlle Marie de Valernod, dame d'Herculais, avec des reflexions ou pensées dévotes sur chacune d'ycelles :*

Le 4e : *Remarques faites sur la vie de Madame de Valernod, dame d'Herculais, par les religieuses du monastère de Sainte-Marie-d'en-Haut, où elle allait souvent faire des retraites.*

(*Bibliothèque de l'Arsenal, à Paris, 2735.*)

Les archives du département de l'Isère, sont riches en documents sur la famille d'Herculais : Nous y avons largement puisé.

[2] Il était né à Saint-Geoire, en 1590.

Après avoir vainement essayé de la vie religieuse,

fût consumée la première. A peine bégayait-elle un mot, et déjà le nom sacré de Jésus arrivait à ses lèvres. Au fur et à mesure que son intelligence se développait, elle ajoutait à ses prières; sa mère n'était pas seule à les lui inspirer. Elle prêtait une attention surprenante aux premiers enseignements de la foi de quelque part qu'ils lui vinssent : il était facile de saisir à la persistance de ses questions d'enfant, au feu de son regard, à l'émotion qui se manifestait à certains moments sur ses traits, qu'une lumière intérieure éclairait déjà pour elle les saintes vérités dont on l'entretenait.

Les pauvres étaient l'objet de ses sympathies; elle ne pouvait pas encore marcher, et déjà elle leur tendait avec empressement le morceau de pain que sa mère lui confiait. On eût dit, tant elle paraissait compatir à leur état, qu'elle en pénétrait les souffrances. Dieu permettait ainsi que

Antoine Maillet s'était voué à cette existence mortifiée et errante.

Vêtu d'une robe de grossière étoffe rousse, ceint d'une corde, un grand chapelet au côté, il parcourait les villes et les campagnes attirant à lui des foules.

Son union avec Dieu était intime et continuelle; il recevait dans l'oraison des lumières si grandes, que, quoique sans instruction, il répondait aux besoins les plus divers des âmes.

A sa prière, les malades étaient guéris, les possédés obtenaient leur délivrance, les anges descendaient sur la terre et conversaient avec lui.

son existence entière fût contenue comme en germe, dans cette vie du berceau, dont la première parole était une prière et le premier acte une aumône.

Outre l'influence que projetaient sur Marie les exemples de sa pieuse et charitable mère, des malheurs qu'il n'était que trop aisé de prévoir, vinrent jeter leurs tristes ombres sur les plus douces années de son enfance, comme pour lui faire comprendre la fragilité des grandeurs et des joies humaines.

Son grand-oncle, Pierre de Valernod, mourut au mois de septembre 1625. Sacré évêque de Nîmes vingt-sept ans auparavant[1], ce respec-

Marie de Médicis désira le voir; il se rendit à Paris, en mendiant. La reine l'interrogea ; il lui répondit en la traitant de sœur, ainsi qu'il en avait la coutume avec les plus simples femmes; mais sa sainteté était si grande, les dons et les grâces que Dieu lui faisait si manifestes, que toute la cour s'inclina devant lui.

Il revenait en Dauphiné, à la suite d'Aymar de Poisieu, seigneur du Passage, lorsqu'il fut atteint de la fièvre à Montluel, et y mourut, le 16 février 1629.

Aymar de Poisieu rapporta son corps à Saint-Georges-d'Espéranche et le déposa dans le tombeau de sa famille.

« A son tombeau il s'est fait des miracles », lisons-nous dans la chronique du couvent des Ursulines de Grenoble.

[1] Le 24 février 1598. Il était né à Saint-Vallier, le 25 mai 1551, de Jean de Valernod et de Françoise de Luc. A peine avait-il achevé ses études qu'il fut nommé chanoine à Die et ensuite archidiacre de l'église de Carcassonne. Bertrand de Luc, frère de sa mère, était précenseur de la cathédrale de Nîmes; il lui résigna sa dignité. — *Histoire de Nîmes, par Ménard.*

table vieillard avait déployé une énergie admirable dans sa lutte contre les hérétiques. Odieusement banni de sa ville épiscopale, il ne cessa de protéger les prêtres et les fidèles proscrits avec lui, et pendant les douloureux mois de son exil, il ne se préoccupa que de leurs besoins. Revenu à Nîmes à leur tête, il tint, avant de remettre le gouvernement de son église à Mgr de Saint-Bonnet de Thoiras, évêque *in partibus* de Césarée, à réparer les ruines que les sectaires avaient faites [1].

Dieu se plut à récompenser son zèle et sa foi. Ses neveux réunis autour de son cercueil, lorsqu'on le transporta de la maison forte des Rioux à Saint-Vallier [2], se répétaient avec admiration, les visions et les révélations dont il avait été

« On ne doit pas oublier dans le diocèse de Nîmes, écrivait Fléchier à Joachim de Valernod, neveu de Mme d'Herculais, l'évêque de votre maison qui l'a autrefois sagement et utilement gouverné. »

« Son nom est encore en vénération dans l'église de Nîmes, écrit de nos jours Mgr de Cabrières, évêque de Montpellier. Il en a relevé les ruines et rétabli le prestige. »

[1] Le 14 janvier 1623, il quitta son diocèse et ne s'occupa plus dans la retraite qu'il avait choisie, que de son salut.

[2] Le caveau de la famille de Valernod se trouvait jadis devant la petite porte de l'église de Saint-Vallier, près du clocher. Y a-t-on déposé le vénérable évêque, ou bien dans un caveau spécial, comme semblerait l'indiquer l'épitaphe que son neveu, Jean de Valernod, fit graver, et que rapporte la Gallia Christiana ? Note I.

Mgr Besson, naguère évêque de Nîmes, s'était préoc-

favorisé, un jour, entre autres, « où montant à l'autel pour donner la bénédiction à son peuple, il aperçut Notre-Seigneur dans le Saint-Sacrement. Les prêtres qui l'assistaient eussent ignoré à jamais son bonheur, s'il ne fût resté de longs moments, sans mouvement et sans parole, dans le ravissement des miséricordieuses tendresses de son Dieu [1]. »

Quatre mois s'écoulent, et c'est Jean de Valernod lui-même qui est appelé au tribunal du Souverain Juge. Mais, comme le vénérable évêque de Nîmes, l'officier des armées royales était prêt au départ. Déjà, quelques années auparavant [2], « prévoyant cette mort qui, à toute heure, est certaine aux humains, notamment à ceux de la profession des armes, » il avait fait son testament, et « recommandé son âme à Dieu et à la bonne Vierge Marie. » Le 13 janvier 1626, il renouvela cet acte. L'impression que ses derniers moments fit sur ses enfants fut très vive. Elle devint pour sa fille Marie, l'une des principales sources des graves pensées dont nous la verrons bientôt animée.

cupé de faire rapporter dans le caveau des évêques de cette ville, le corps de Mgr Pierre de Valernod. Les recherches faites à Saint-Vallier n'eurent aucun résultat.

[1] *Oraison funèbre de feue noble Marie de Valernod.*

[2] Le 8 décembre 1621. Il entrait alors en campagne, à la tête d'une cornette de cavalerie.

Jean de Valernod termina aux Rioux sa trop courte carrière. Cette patriarcale demeure était bien faite pour abriter les premières aspirations de Marie, comme aussi pour recueillir les derniers soupirs du pieux confesseur de la foi et du vaillant cornette. Construite en des temps relativement anciens, elle avait traversé les guerres de religion sans perdre une de ses tours [1]. Debout encore, elle joint à la solidité un peu massive des constructions féodales du Moyen-Age, ce grand air qu'ont les habitations seigneuriales du XVIIe siècle. Chacune des générations qui y a vécu, avant la Révolution, semble du reste y avoir apporté sa pierre. Les armoiries des Valernod [2], accouplées à celles des Le Camus [3] qu'on aperçoit à la voûte de l'une des portes ouvrant sur l'escalier d'honneur, prouvent qu'au XVIIIe siècle on travaillait encore à l'orner [4].

[1] « Ces tours subsistaient encore au commencement de ce siècle, » nous disait M. Ray, propriétaire actuel d'une grande partie de cette belle demeure.

D'après Chorier, Saint-Vallier était au pouvoir des Huguenots en 1568.

[2] D'azur à un croissant d'argent et un chef aussi d'argent, chargé de trois roses de gueules.

[3] D'azur à trois croissants d'argent posés 2 et 1 et une étoile d'or posée en cœur.

— *Hozier, folio 290.*

[4] Contrat de mariage de Jean-Baptiste de Valernod et d'Anne Le Camus.

Une haute montagne couverte de forêts l'enveloppe de ses ombres ; deux ruisseaux dont elle a pris le nom, coulent dans ses bassins et ses fossés [1] et se jettent ensuite dans le Rhône. Ce fleuve roule ses eaux au bas des prairies du parc, mais c'est à peine si on les aperçoit du large perron qui domine les terrasses.

Rien ne vient troubler la paix de cet antique manoir. On y jouit d'une solitude complète bien propre à développer l'âme. Marie en éprouvait le charme. Tout enfant, les beaux ombrages des Rioux l'attiraient. Plus tard, elle aimait à s'y cacher, à y prier en silence, à s'élever, par la vision des merveilles de la nature, jusqu'à la contemplation de son créateur.

Elle était à peine âgée de dix ans, et déjà elle ne respirait que pour lui, ne craignait que de lui déplaire, ne voulait appartenir qu'à lui.

A onze ans, elle fit avec de grands soins une confession générale, afin de se préparer par la sainte communion à une consécration de sa personne et de sa vie, complète et irrévocable.

[1] Les eaux de ces deux ruisseaux avaient été concédées en 1561, à Jean de Valernod, châtelain de Saint-Vallier, par Diane de Poitiers. Le 12 février de la même année, elle autorisait Jean de Valernod à établir un colombier dans sa maison.

A la suite de cette offrande, ce fut à l'école de la Sainte Vierge que le divin Maître la plaça : « Je prenais un vif plaisir, écrit-elle, à la lecture des livres qui traitaient de ses vertus ; je m'adressais à elle en tous mes besoins. Je ne me souviens pas de lui avoir jamais rien demandé de raisonnable, que je ne l'aie obtenu. Je ressentais beaucoup de dévotion à la prier, l'appelant MA BONNE MÈRE. Je jeûnais tous les samedis. S'il m'arrivait quelques petites afflictions, je lui faisais des promesses, afin d'en être délivrée, comme de visiter ses églises, de réciter le chapelet voire même le rosaire, et je me trouvais bien souvent soulagée [1] ! »

Avec l'amour de Marie croissait en elle l'amour de Dieu. Elle était heureuse de passer des heures entières à prier, et dès qu'on ne la voyait plus auprès de ses frères, on la retrouvait à la chapelle [2], épanchant son âme aux pieds de son Sauveur.

Souvent elle se levait la nuit en secret et se prosternait sur la dalle nue, ravie d'ajouter aux oraisons de ses journées quelques instants d'un repos qu'elle ne prenait qu'à regret.

Quand on la conduisait à l'église de Saint-

[1] *Recueil des grâces que mon âme a reçues de son créateur.*
[2] On voit encore cette chapelle; quatre colonnes en soutiennent la voûte.

Vallier[1], elle s'y tenait à genoux, les mains jointes, les yeux baissés, dans une attitude si recueillie que tous ceux qui l'apercevaient en manifestaient également et leur étonnement et leur admiration. Dieu, en parlant intimement à son cœur, la familiarisait dès l'enfance avec cet art divin de la prière dont elle devait faire plus tard un si merveilleux usage.

A cet attrait céleste, se joignait une soif d'expiation qu'elle ne parvenait pas à satisfaire. Elle eût voulu déchirer ses membres, se priver de nourriture et de sommeil, imiter enfin les saints, dans tout ce que leur pénitence a jamais eu de plus rigoureux et de plus humiliant.

D'une telle existence au cloître, il n'y a qu'un pas. Dieu ne le lui demanda point. Son frère aîné, Hugues, avait embrassé la carrière militaire; Humbert, le second, était entré comme novice, au monastère de Saint-Ruf, à Valence; sa jeune sœur Sébastienne venait d'être confiée aux religieuses de l'abbaye de Saint-Just, de Romans; elle restait donc seule auprès de sa mère, qui, désirant la marier, la conduisit à Grenoble où son extrême beauté, les charmes de son esprit,

[1] Cette église avait été en partie détruite par les Huguenots, en 1583. Le clocher porte les millésimes de 1611-1623.

la distinction attachée à sa personne, la firent promptement remarquer et rechercher.

Chose singulière et pourtant explicable : cette jeune fille, quelques jours auparavant si ardente au service du Seigneur, se refroidit soudain. A peine le monde commença-t-il à lui sourire, qu'elle aussi commença à se parer pour lui plaire. Bientôt elle prit plaisir aux réunions, aux fêtes qui se renouvelaient sans cesse chez ses oncles de Lyonne [1], sa tante de Granieu [2], ses cousins

[1] Hugues de Lyonne, seigneur de Leyssin, conseiller au Parlement, avait épousé Laurence de Claveyson.

Humbert de Lyonne, seigneur de Buffières, conseiller à la Cour des comptes, en 1620, avait épousé Geneviève de Rabot.

[2] L'une des filles spirituelles de saint François de Sales, pour laquelle il avait une extrême dilection.

« L'âme de Mme de Granieu est d'une éminente vertu, mandait-il, en 1618, à sainte Chantal, elle embaume toute la ville de ses saints exemples !. »

Sainte Chantal avait aussi cette pieuse femme en singulière estime. Elle lui écrivait en 1635 : « Ma pauvre très chère sœur, je ne saurais vous accorder ce que vous me demandez, de vous tenir en un coin de mon cœur, car certes Dieu vous a placée au fin milieu, dont je ne veux pas vous ôter, m'assurant que c'est son divin bon plaisir que je vous conserve là ; ce que je veux faire aussi bien chèrement et tendrement, étant assurée que j'ai même logis chez vous, et en même place, et me confiant que vous m'y conserverez, n'est-il pas vrai ? Oh ! notre Dieu nous fasse la grâce d'être ainsi dans son SACRÉ-CŒUR, vivant et mourant en la parfaite obéissance de sa divine volonté. Faites hardiment pour moi et de moi ce que vous voudrez ; je ne vous dédis point. »

Lorsque la fille de Mme de Granieu demanda à entrer à

de Guérin [1] et de la Rochette [2], et les amies de sa mère, Mmes de Revel, de Veyssillieu, de Chevrières, de Pisançon, de Lescot.....

Les heures que Marie donnait à ces parties joyeuses où parents et connaissances se pressaient, elle les enlevait à ses prières, et son âme serait descendue, en peu de temps, bien au-dessous des hauteurs où s'était élevée son enfance, si Dieu ne lui eût envoyé à certains moments de salutaires et pénibles remords.

« Je demeurai jusqu'à l'âge de quinze ans en cet état, écrira-t-elle, tantôt faisant le bien, tantôt le mal ; livrée à un perpétuel combat... C'était à qui gagnerait : l'amour de Dieu où l'amour du monde !... »

la Visitation, sainte Chantal lui en fit ouvrir les portes : « Outre que la petite de Granieu est un esprit qui promet beaucoup avec la grâce de Dieu, manda-t-elle à la sœur de Beaumont, elle est fille d'une si sainte âme, et laquelle nous chérissons avec tant d'affection, que nous voudrions faire tout ce qui se peut pour sa consolation... »

La petite de Granieu devint cette céleste sœur Marie-Madeleine, dont sainte Chantal n'abandonna la conduite à personne. Envoyée en 1648, au monastère de Sainte-Marie-d'en-Bas, sa mère se hâta de l'y rejoindre et mourut entre ses bras, quelques années après.

[1] François de Guérin, conseiller au Parlement, épousa Justine du Faure.

[2] Ennemond Fustier, seigneur de la Rochette, avait épousé Louise de Simiane, fille de Jean-Baptiste de Simiane et de Marie de Portes.

II

MARIAGE

Au mois de juillet 1635, ce n'était pas à une fête ordinaire que Mme de Valernod conviait ses parents et ses amis, c'était aux fiançailles de sa fille Marie, à peine âgée de quinze ans, avec noble Jean-Claude de Tournet de Theys, seigneur d'Herculais, capitaine dans les armées royales et chevalier de Malte [1].

L'hôtel de M. de Mirabel que la châtelaine des Rioux occupait à Grenoble [2], lorsqu'elle quittait sa maison forte, était littéralement envahi.

Au premier rang, dans ce salon, où Dieu avait répandu avec profusion ses dons les plus divers,

[1] Les preuves de l'ancienneté de sa maison furent faites devant le commandeur de Ruynat, qui avait reçu du Grand Maître la commission d'y procéder. — *Archives de l'Isère.*

[2] Rue de Bonne.

était Hélène d'Arzac, veuve de Nicolas de Tournet de Theys, mère du fiancé : « Ledit mariage luy estait grandement agréable », ne peut s'empêcher d'écrire le notaire Froment, venu pour dresser le contrat[1].

Près d'elle se pressaient : Claude de Simiane, seigneur de Montbivoz, conseiller du roi en ses conseils, président au Parlement ; Ennemond Fustier, seigneur de la Rochette ; Louis Frère[2], seigneur de Crolles ; Béatrix Robert, seigneur de Saint-Germain, conseiller au Parlement; Guy de Monteynard, seigneur de la Pierre; Antoine de Franc, conseiller du roi et trésorier général; Humbert de Lyonne, seigneur de Buffières ; Sébastien de Lyonne, seigneur de Leyssin...

Nommons encore : Constance de Lyonne, cousine de Marie, déjà attirée par le Souverain Maître à la vie religieuse[3], et si heureuse de la suivre, qu'au jour de ses fiançailles, Marie de Valernod enviait son bonheur ; Charles de Claveyson[4], seigneur d'Hostun, gouverneur de Ro-

[1] Note II.

[2] Ce fut dans la maison de Claude Frère, père de Louis, premier président au Parlement de Grenoble, que Lesdiguière signa la promesse de se convertir.

[3] Elle entra peu de temps après le mariage de Marie au couvent des Ursulines de Grenoble, sous le nom de sœur Angélique de Saint-Joseph.

[4] Sa fille, Constance de Claveyson, avait épousé Hugues

mans, appelé avec raison *l'effroi des hérétiques* [1]; Denys Salvaing de Boissieu, si sage dans sa vie, si prudent dans ses conseils, si docte dans ses travaux, qu'au dire de Guy-Allard, « la postérité allait le connaître par ses œuvres beaucoup mieux que par les louanges de ses historiens [2]; » Arthus de Lyonne, oncle de la jeune fiancée, que l'on n'avait pas vu sans émotion, au lendemain de la mort d'une femme [3] tendrement aimée, entrer dans la cléricature. Le roi venait de l'enlever à sa stalle de chanoine de Notre-Dame, pour le faire monter au siège épiscopal de Gap [4]. Ce n'était pas sans émotion que ce respectable prêtre se disposait à quitter Grenoble

de Lyonne, seigneur de Leyssin, conseiller au Parlement par la résignation de son frère Arthus, oncle maternel de Marie.

1 Les hérétiques le surnommaient par dérision le vieux papiste. Il s'en faisait gloire et traça lui-même son épitaphe :

Ci gist le bon et vieux papiste,
Charles, marquis de Claveyson,
Dieu l'aima tant qu'en sa maison,
Il n'y eut jamais de calviniste.

2 Denys Salvaing de Boissieu était parent de Jean-Claude de Tournet; Pierre Salvaing, son grand-père, ayant épousé, en 1549, Charlotte de Theys, fille de Pierre de Theys.

3 Isabeau Servien, sœur d'Abel Servien. Arthus avait eu de son mariage un fils nommé Hugues.

4 Nommé le 13 août 1634, coadjuteur de Mgr Salomon du Serre, M. Arthus de Lyonne d'Aoste, prit possession du siège de Gap le 19 avril 1640.

où il était chéri des plus pauvres comme un ami et vénéré des plus nobles comme un saint...

Hélène d'Arzac, veuve et héritière de Nicolas de Tournet de Theys, se plut, en face de cette brillante assemblée, à investir son fils de tous ses droits sur le château, la terre et la seigneurie d'Herculais. Mme de Valernod remit à sa fille les 9,000 livres que Jean, son père, lui avait léguées. Elle y ajouta 3,000 livres de son chef et les robes nuptiales.

Mais, qu'étaient les terres et les seigneuries de la famille de Tournet, en comparaison des vertus de Marie? Le P. Morin, l'un de ses biographes, les compare à celles de Sara, l'épouse

Saint François de Sales l'avait adopté pour son fils. En quittant Grenoble, il lui adressait les âmes auxquelles il s'intéressait; et lorsque Mme de Granieu inquiète, témoignait à l'évêque de Genève qu'elle était sa parente: « Confessez-vous sans crainte à M. d'Aouste, répondait-il. En ce parquet où il est entré, il n'y a point de récusation à craindre... » faisant allusion à la charge de conseiller au Parlement, qu'Arthus de Lyonne avait abandonnée pour suivre l'appel divin.

Sainte Chantal le tenait également en grande estime. « Je l'appelle frère », écrivait-elle à sœur Catherine de Sautereau, « et je suis très honorée qu'il ait daigné m'accepter non seulement pour sa sœur, mais pour sa très humble fille... »

Mgr de Lyonne, après s'être dépensé tout entier au service de son peuple, donna sa démission en 1661 et se retira à Paris, où son fils Hugues occupait la charge de secrétaire d'Etat des affaires étrangères.

Il y mourut le 18 mai 1663.

du jeune Tobie, à celles d'Esther qui sauva son peuple.

Le 5 juillet eurent lieu les cérémonies du mariage. Il se fit à Notre-Dame, au milieu d'une affluence nombreuse. Arthus de Lyonne le bénit[1].

« Mlle de Valernod porta à la réception de ce sacrement, écrit le P. Morin, autant de tendresse pour Jean-Claude d'Herculais que si elle n'eût suivi que son inclination naturelle, et une obéissance aux désirs de Dieu si prompte, si pure, si dégagée de tout principe humain, que si elle n'y eût point été induite par son inclination... Concert merveilleux, ajoute son biographe, de la nature qui a presque toujours sa part en ces occasions, et de la grâce qui détenait la pieuse jeune fille dans une subordination parfaite[2]. »

Au lendemain de son mariage, ce fut à Theys, pittoresque village, construit à six lieues de Grenoble[3], au sein des montagnes qui bordent la vallée du Graisivaudan, que sa mère et ses parents les plus proches la conduisirent.

Le château d'Herculais s'élevait en avant de ce village, sur une colline escarpée, dont les

[1] Note III.
[2] *Oraison funèbre.*
[3] Mgr le Camus mettait quatre heures, le 12 octobre 1686, pour aller de Grenoble à Theys, à cheval.

eaux vives d'un torrent battent encore les dernières assises [1].

Attaqué par les protestants, le 15 août 1587, il avait été bravement défendu par Pierre de Theys [2], oncle de Jean-Claude.

Henri III, instruit de la valeur et des talents déployés par le noble catholique, s'était hâté de lui écrire pour le féliciter; mais les éloges du roi de France arrivèrent à la veille de conflits nouveaux.

Le 14 janvier 1588, les protestants revenaient à la charge, au nombre de 6,000, sous les ordres de Lesdiguières, et après avoir saccagé le village de Theys, brûlaient le château d'Herculais.

Heureusement pour les catholiques, les détonations de leurs mousquets furent entendues dans la plaine. Le maréchal d'Ornano, gouverneur de Grenoble, prévenu à temps, se hâta d'accourir et aida Pierre de Theys à chasser les religionnaires une seconde fois.

1 Il a été détruit pendant la Révolution. Un couvent de religieuses occupe, paraît-il, l'emplacement de l'orangerie. Les richesses ne devaient pas plus y manquer que les titres ; on lit aux archives de l'Isère, à la suite d'un inventaire des biens de Jean-Claude de Tournet de Theys : « Dans ledit château, il y a quantité de vaisselle d'argent, pierreries, tapisseries, linge, batterie de cuisine... »

2 Pierre de Theys avait été dans sa jeunesse capitaine de 500 hommes d'armes et d'une lance de gentilshommes.

Relevé de ses ruines [1], le vieux manoir garda la physionomie d'une citadelle. Les sapins qui croissaient aux alentours sur les montagnes ajoutaient à son aspect sombre et triste. La vue s'étendait sur la vallée du Graisivaudan ; toutefois elle ne présentait aux regards ni les gais lointains, ni les gracieux paysages auxquels Marie était accoutumée sur les rives du Rhône et de la Galaure.

Mais, ce qui la frappa bien davantage, ce furent les divisions laissées par les discordes religieuses, entre des familles d'une origine commune et n'ayant vécu pendant de nombreuses années que de la même vie.

Pour s'en rendre compte après trois siècles, il est bon de revenir aux heures douloureuses, où, tandis que Pierre de Theys, seigneur d'Herculais, chassait les hérétiques, son cousin, également appelé Pierre de Theys, se faisait protestant et, sous le pseudonyme de capitaine La Coche, exécutait contre les catholiques du Dauphiné, les entreprises les plus hardies.

Fallait-il assiéger la ville de Grenoble, il était prêt ; la défendre contre le duc de Nemours, il ne se récusait pas ; aller cerner et prendre le

[1] Ce fut après la mort de M. d'Herculais qu'on en peignit les grandes salles. — *Archives de l'Isère.*

Bourg-d'Oisans, il partait un des premiers, bien certain que les hommes d'armes qu'il avait amenés de Theys le suivraient. « S'il n'eût été attiré dans un guet-apens et lâchement assassiné, disaient à leurs enfants les compagnons de ses charges téméraires, il fût devenu le premier maréchal de France [1]! »

Quarante années avaient passé sur les crimes, les succès, les défaites du capitaine La Coche, lorsque Marie arriva à Theys, mais le fier bandit y était resté légendaire. Les brisements secrets, les souffrances intimes n'allaient pas manquer à la nièce de Pierre de Valernod, dans ses rapports avec ceux des parents de M. d'Herculais qui s'étaient enrôlés à la suite de l'hérétique.

Jean-Claude avait deux frères [1] et deux sœurs [3], attachés comme lui à la religion de leurs ancêtres. Nicolas, le seul de ses frères qui habitât Theys, en 1635, venait d'hériter du fief de La

[1] Après avoir déployé une grande valeur dans un combat que lui livra le duc de Nemours, il fut pris et assassiné.

[2] François et Nicolas. François avait épousé Laurence de Portes. Une paralysie cruelle retenait cette jeune femme sur son lit, lors du mariage de Jean-Claude. François de Tournet habitait Goncelin.

[3] L'aînée, Louise, s'était unie à François de Commiers, seigneur de La Roche. Ennemonde, la deuxième, était entrée à l'abbaye des Ayes et venait d'y faire profession.

Coche, situé à peu de distance du château d'Herculais.

Au-dessus et dominant la vallée, s'élevait une ancienne forteresse, vulgairement appelée le Châtel [1].

Plus loin, à droite et à gauche du village, apparaissaient dans la verdure, les manoirs de Thoranne, de Leusson, du Mollard, et, près du torrent, la maison du notaire royal, Pierre Drier [2], qui n'avait probablement pas été sans raison appelée la Forte.

Mme d'Herculais pénétra, avec son mari et sa belle-mère, dans toutes ces demeures si noblement habitées alors. Ensuite, elle revint à Grenoble où Mme de Valernod l'avait précédée.

Ses deux biographes nous la représentent à cette époque de sa vie douée d'une expression charmante. Sa taille avait, écrivent-ils, une grâce et une élégance extrêmes ; sa démarche était grave, pleine de noblesse et de majesté ; ses traits fins, réguliers, et d'une pureté de lignes parfaite ; son regard magnifique devenait à

[1] L'évêque Isarne l'avait, en 967, donnée à Rodolphe Eynard. Il était possédé, au commencement du XVIIe siècle, par Isabeau de Viller, fille d'Antoinette de Theys.

[2] Pierre Drier avait épousé, en 1632, Marguerite de Theys, fille de César de Theys, seigneur du Mollard. Par cette alliance, il était devenu un des proches parents de Jean-Claude.

certains moments comme un foyer de tendresse, de charité et de miséricorde. Tout enfin dans sa beauté terrestre offrait le reflet éclatant de l'immortelle beauté de son âme.

« Dès son retour à Grenoble, ajoute le P. Morin, il ne fut plus question que de divertissements et de fêtes. La joie naissait dans les réunions où elle avait sa place; la tristesse s'emparait des plus heureux lorsqu'elle en était absente. On l'entraînait au bal, au spectacle, dans les festins. Il fallait qu'elle prît sa part de tous les divertissements d'une des villes les plus riches du royaume et les plus ouvertes aux distractions. » M. d'Herculais possédait un brillant équipage : elle s'en servait, parcourant les rues et les places dans l'attirail le plus exquis.

Mais Dieu veillait sur son âme, et tandis que par sa conversation, elle tenait une nombreuse société sous le charme, les sentiments du plus profond dégoût pour les vanités du monde s'emparaient subitement d'elle. Elle rentrait alors en son hôtel, déchirée de remords, tenant pour certain que les plaisirs auxquels elle s'était livrée, quoiqu'ils n'eussent pas dépassé les règles de la bienséance, étaient cependant indignes de la pureté de vie à laquelle elle se sentait appelée.

« Je ressemblais en ce temps-là, dira-t-elle quelques années plus tard, à ces chevaux que l'on chargeait, dans les triomphes anciens, de tout ce qu'on avait enlevé de précieux aux provinces vaincues, et qui, ayant ébloui tout un jour les yeux des regardants de l'éclat des perles, des diamants, des escarboucles qui les couvraient, ne retiraient autre chose de cette pompe que la fatigue et la lassitude [1]. »

[1] *Oraison funèbre.*

III

MALADIE, GUÉRISON MIRACULEUSE

Rien ne satisfaisait l'âme ardente de Marie ; elle eût voulu rompre avec le monde qui la poursuivait de ses hommages, et l'obéissance qu'elle devait à son mari, à sa mère, à sa belle-mère, la retenait. Dieu parlait, sollicitait; elle écoutait, elle comprenait et elle ne se rendait qu'à demi !

C'était avec un rude cilice qu'elle allait au bal: elle l'attachait autour de sa taille, en même temps qu'elle suspendait un collier de perles autour de son cou. Si elle était invitée à quelque repas somptueux, elle n'oubliait point d'y porter de la poudre d'absinthe, pour la mêler aux mets qui devaient lui être servis. Avait-elle à se reprocher de trop longues conversations avec des personnes aimées, elle doublait aussitôt ses oraisons déjà si longues.

Mais Dieu demandait davantage. Aussi, lorsque, malgré son attention sur elle-même, Marie avait cherché à plaire à ce monde qui déjà ne lui plaisait plus, des remords qu'elle ne pouvait comparer qu'aux flammes vengeresses, venaient soudain l'assaillir : elle s'armait d'une discipline pour les calmer, et c'était en vain.

Souvent, après s'être habillée avec beaucoup de soin pour une soirée ou un repas, elle entendait la voix de son Sauveur la conviant au sacrifice. Confuse, troublée, inquiète, loin de suivre son mari et sa belle-mère, elle courait alors cacher ses larmes dans son cabinet d'où, ni leurs prières, ni leurs instances ne parvenaient à la faire sortir.

Un jour qu'elle assistait, vêtue d'une robe de *panne rouge*[1], décolletée, et le visage couvert de mouches, au supplice d'une malheureuse femme qui avait été condamnée à être décapitée à la Grenette, la pensée de la sainteté de Dieu que les crimes de cette femme avaient offensé et celle de ses fautes restées impunies, montèrent en même temps à son cœur et la remplirent d'une indéfinissable émotion, qui se traduisit par un

[1] Etoffe toute de soie dont les filets traversants sont composés et forment une espèce de poil qui est plus long que celui du velours et plus court que celui de la peluche. » — *Dictionnaire de Trévoux*.

flot de larmes : — « Que ne suis-je à la place de cette infortunée, se disait-elle, hélas ! je lui porte une sainte envie... Je serais si heureuse de mourir pour obtenir le pardon des péchés qui ont causé la mort de mon Sauveur ! [1] »

Souffrir pour expier ses fautes et répondre ainsi aux désirs divins eût été pour elle une consolation suprême, et personne autour d'elle ne comprenait ce besoin. Sa belle-mère voyait même avec une certaine peine la piété grandir et se développer dans son âme, et sans lui en témoigner ouvertement son mécontentement, elle le lui faisait cependant sentir. Son mari eût poursuivi avec ardeur les hérétiques, à la suite de Pierre de Theys, heureux de venger l'Église des crimes dont les sectaires s'étaient rendus coupables ; mais lorsqu'il revenait à Grenoble, pendant les longues semaines de liberté que lui laissait son service [2], c'était à ses affaires ou à celles du pays

[1] *Oraison funèbre.*

[2] Le 19 avril 1636, M. d'Herculais faisait son testament avant de partir pour l'Italie, où il allait rejoindre l'armée française, et le quinzième jour d'août de la même année, il quittait Casal pour revenir en Dauphiné. Les archives de l'Isère gardent le passe-port que lui délivra en cette occasion le maréchal de Créquy. (Note IV). Elles gardent également le premier testament du noble chevalier.

On y lit qu' « il donne et lègue par droit de particulière institution à demoiselle Marie de Valernod, sa chère et bien-aymée femme, la somme de 15.000 francs. Ladite demoiselle de Valernod fasse de ce capital à sa volonté. »

qu'il vaquait : les aspirations de Marie vers la perfection lui échappaient, et s'il s'apercevait des combats auxquels elle était livrée, c'était pour s'en étonner. Parmi ses parents, les uns respectaient sans en connaître la cause les préoccupations qui l'absorbaient; les autres se plaignaient de lui voir prendre chaque jour une moins grande part à leur vie gaie et frivole. Elle paraissait sensible à leurs reproches ; mais cette souffrance n'était rien auprès des sacrifices qu'elle eût voulu offrir à son Dieu.

« Pour le venger de mes infidélités, dira-t-elle plus tard à son confesseur, je m'imposais alors de rudes mortifications ; toutefois ces pénitences ne satisfaisaient pas les désirs dont j'étais animée [1]. »

Ces désirs dont M. d'Herculais s'étonnait, que ses parents et ses amis interprétaient diversement, que Marie elle-même ne savait comment satisfaire, la poursuivaient partout, surtout au pied des autels.

Elle était mariée depuis deux ans et venait d'atteindre sa dix-huitième année, lorsqu'elle entendit à Notre-Dame un sermon du P. Fichet [2]

[1] *Oraison funèbre.*

[2] « Le P. Alexandre Fichet, né en 1588, au Petit-Bornand, en Savoie, mourut à Chambéry, en 1659. »
Le R. P. Sommervogel.

de la Compagnie de Jésus « qui commença, écrit le P. Morin, la conversion de son cœur [1]. »

Le sujet ne nous en a pas été gardé. Il était extrêmement touchant. Tout le monde fondait en larmes. Mme d'Herculais ne put retenir les siennes. Bientôt son visage parut tout en feu et la douleur qu'elle ressentit de ses fautes fut si vive, qu'elle ne sortit de la cathédrale que pour aller en faire une confession générale. Ensuite, prenant contre elle-même le parti de Dieu, jalouse de voir un tel amour méprisé, sentant qu'il n'était pas de tourment qu'elle n'eût mérité et qu'elle ne dût souffrir, elle se voua à son Sauveur en qualité d'esclave, le suppliant de lui accorder la grâce d'être à lui entièrement et de ne jamais plus appartenir qu'à lui. « Mais, écrit le P. Morin, ni les mortifications qu'elle s'imposa à la suite de ce vœu, ni la longueur et le nombre de ses oraisons, ni la fréquentation des sacrements ne parvinrent à assouvir la soif qui la consumait [2]. » A chaque instant, elle s'offrait à son Seigneur, et il lui semblait n'être jamais donnée.

Lassée de la lutte, inquiète de l'inutilité de ses efforts pour arriver à cette paix, à ce repos en Dieu qu'elle cherchait, elle se prit à lui demander avec instance de frapper son corps afin d'attein-

[1] *Oraison funèbre.*
[2] *Oraison funèbre.*

dre son âme, de mortifier sa chair et de vivifier son esprit [1].

Ses supplications furent surtout très vives, un jour, où passant devant son miroir, elle s'était arrêtée à considérer ses traits, avec une secrète complaisance.

Cet instant d'oubli lui inspira une telle douleur que, non contente de saisir de grosses clefs qui avaient été laissées sur la table et de s'en frapper violemment [2], elle se mit à genoux et conjura son Dieu, avec une grande abondance de larmes, de venir à son aide et de se venger lui-même des outrages qu'elle ne cessait de lui faire. Ce n'était pas trop, pensait-elle, de la lèpre, d'un chancre rongeur, des ulcères les plus cruels et les plus déshonorants, pour obtenir sa grâce.

Quelque temps après avoir fait cette courageuse prière, elle se trouva frappée d'une attaque de paralysie, à laquelle se joignirent de grandes douleurs aux extrémités des membres, des évanouissements fréquents, des vomissements presque continuels.

Aucune plainte ne s'éleva de ses lèvres, pendant qu'elle était retenue dans son lit; et lors-

[1] *Oraison funèbre.*

[2] *Discours choisis sur plusieurs matières importantes de la foy et des mœurs*, par le R. P. Etienne Bertal, de la Compagnie de Jésus.

qu'après sa mort, son directeur ouvrit les notes qu'elle avait laissées, il ne trouva au sujet de cette longue épreuve, que cette seule remarque : « Cette année, Dieu m'a fait la grâce de souffrir... Il m'a donné plus de patience que je n'en méritais ! [1] »

Cette attaque n'était que le prélude d'une maladie plus grave : Marie fut atteinte, à Saint-Vallier, le jour de la Purification 1642, d'une fièvre ardente et de vomissements cruels. Sa faiblesse devint, en peu de temps, si grande, qu'elle passait presque sans intervalle d'un évanouissement à un évanouissement.

Après l'avoir traitée sans succès, les médecins déclarèrent Mme d'Herculais paralysée de la ceinture aux pieds. Plusieurs de ses parents « et des plus proches [2], » la voyant abandonnée des médecins la quittèrent, tant était douloureux le spectacle des souffrances auxquelles elle était condamnée.

Le P. Morin ne nomme pas les parents que la vue des souffrances de Marie éloigna. Il ne devait pas les nommer. Ce n'était pas du haut de la chaire de Notre-Dame que le plus léger blâme pouvait descendre sur le nom de M. d'Herculais, ce nom que l'humble servante de Dieu, dont le

[1] *Oraison funèbre.*
[2] Le P. Morin.

jésuite célébrait les victoires, avait porté vingt ans. M. d'Herculais faisait d'ailleurs partie de l'auditoire d'élite qui remplissait la cathédrale et était entouré, au matin de son deuil, comme au soir de ses fêtes, de toute la noblesse Dauphinoise.

Nous ne sommes pas tenus à la même réserve. Les lettres de Mme de Valernod et de sa fille Sébastienne, restées aux archives de la préfecture de l'Isère, soulèvent le voile; elles nous aident à apprécier ce qu'il y eut de pénible pour Mme d'Herculais, dans la longue absence de celui qui eût dû être son soutien à cette heure d'épreuve.

Hâtons-nous toutefois de le dire : absence ne signifie pas abandon. M. d'Herculais n'a pas été infidèle à la foi qu'il avait jurée à sa jeune femme. En la laissant auprès de sa mère, dont la vive affection lui était connue, il savait qu'aucun soin ne lui manquerait. Quant à lui, il avait comme syndic de la noblesse du Graisivaudan, des obligations difficiles, surtout en temps de guerre, et tenait à les remplir. C'était à lui à fournir aux étapes, à veiller à la discipline des troupes sur le sol Dauphinois, à rendre compte au roi de leur passage en Piémont. Le duc de Lesdiguières l'avait dispensé du service militaire, afin qu'il se livrât plus exclusivement aux devoirs de sa charge [1]. Il se devait donc à son pays, et trouvait dans les exigences de sa mission, une excuse suffisante pour rester éloigné de sa femme.[2]

On peut en juger par quelques fragments de la correspondance échangée alors :

« Nous avons reçu une lettre de ma mère, lui écrit le 17 mai 1642, sa belle-sœur Sébastienne. Vous pourrez y voir ce qu'elle me mande du mal de ma sœur, bien que j'appréhende qu'elle ne me flatte, ne pouvant ignorer la peine où je suis de savoir cette chère sœur en cet état. Je souhaiterais bien être l'ange des bonnes nouvelles pour vous en donner comme vous les sauriez vouloir ; mais puisque cela ne se peut et que Dieu ne juge pas à propos de favoriser mes désirs pour un sujet qui m'est si sensible, il faut se résigner entièrement à ses divines et justes volontés, lesquelles nous devons adorer, et les seconder par une entière et absolue résignation de nous-mêmes et de tout ce qui nous regarde. Que je serais heureuse, ajoute la religieuse de Saint-Just, en faisant sur elle-même un humble retour, si j'étais arrivée à ce point de perfection [3]! »

« Votre lettre m'a donné beaucoup de joie,

[1] Il avait été nommé syndic de la noblesse du Graisivaudan, le 18 décembre 1638. Note V.

[2] Note VI.

[3] *Archives de l'Isère.*

écrit à son tour Mme de Valernod, voyant le désir que vous avez de nous revenir bientôt voir. Il me semble qu'il y a six ans que vous êtes hors d'ici, si longue je trouve votre absence et la maladie de votre femme ; elle est toujours de la même faiblesse [1]. »

Quelque temps s'écoule, Mme de Valernod, reprend la plume : « Ma fille est toujours bien travaillée de son mal, mande-t-elle à son gendre, elle vous prie de la venir guérir ! [2]. »

Le chagrin que causait à Mme d'Herculais l'absence de celui auquel elle s'était indissolublement unie était rude, plus rude que les souffrances physiques auxquelles elle se voyait condamnée. Pour supporter ce chagrin dans le silence et la paix, elle avait recours à son Dieu : elle lui ouvrait son cœur et lui demandait, non-seulement la grâce d'accepter avec amour la croix qu'il lui avait préparée, mais toutes les épreuves qu'il jugerait bon d'y ajouter encore.

Jamais on ne la vit, pendant les huit mois consécutifs que dura cette maladie, témoigner un instant le désir d'en être délivrée. Elle ne voulait pas même que sa mère fît de vœu pour obtenir

[1] *Archives de l'Isère.*
[2] *Id.*

son rétablissement [1]; et lorsque agenouillée près de son lit, Mme de Valernod manifestait cette intention, l'humble Marie la suppliait de demander plutôt la guérison de son âme et sa parfaite conversion.

Les médecins de Mgr Alphonse Louis du Plessis de Richelieu, cardinal-archevêque de Lyon [2], ayant été consultés, parlèrent des eaux de Bourbon, comme pouvant apporter quelque amélioration à cet état si triste. Mme de Valernod se décida à y conduire sa fille. Il ne fallait rien moins que sa tendresse maternelle pour vaincre les difficultés et les périls d'un semblable voyage.

Ce fut dans un bateau qu'on établit la pauvre infirme et qu'on lui fit remonter les eaux du Rhône jusqu'à Lyon. Arrivée à Lyon, sa fièvre était si forte, sa faiblesse si grande, que sa mère, de plus en plus inquiète, ordonna d'atterrir, et la fit porter dans la chapelle des religieuses de Sainte-Ursule. On y vénérait l'image de Notre-Dame de Montaigu [3]. Mme de Valernod demanda

[1] *Oraison funèbre.*
Une lettre de Mme de Valernod à sa fille indiquerait le contraire. Elle est sans date.

[2] Il était frère de Richelieu, le célèbre ministre de Louis XIII.

[3] En l'année 1603, à Montaigu, en Flandre, on découvrit entre les branches d'un chêne, une petite statue de la Sainte Vierge. Un pauvre berger nommé Godefroy, l'a détacha de cet arbre, et la déposa dans une chapelle

que le Saint-Sacrifice fut offert pour la fille qui lui était si chère et qu'elle craignait à tout instant de voir mourir. Plusieurs personnes de sa famille et de ses amis vinrent unir leurs prières aux siennes.

Après la communion du prêtre, Mme d'Herculais fut saisie tout-à-coup d'un tremblement général qu'elle ne pouvait maîtriser; en même temps, une voix se fit entendre à son âme, et lui dit : « Lève-toi ! tu n'as plus aucun mal ! »

La crainte des regards qui allaient se porter sur elle, si elle se levait guérie, l'arrêta quelques instants; mais la voix qui s'était fait entendre une première fois, ayant repris avec encore plus de force : « Lève-toi ! Lève-toi ! tu n'as plus au-

qu'il avait construite. La Sainte Vierge bénit par de réels prodiges la foi des pèlerins qui y venaient en grand nombre. En 1604, la chapelle était trop petite. L'archevêque de Malines, Mathias Honius, en consacra une autre plus vaste et plus riche, où l'image miraculeuse fut portée en grande pompe.

Avec le bois du chêne qui avait servi de piédestal à la madone, les fidèles sculptèrent de petites statues qui ne tardèrent pas à être portées à Besançon, à Tournon, à Lyon chez les Ursulines, et à attirer à leur tour beaucoup de pèlerins.

Celle de Tournon était particulièrement chère aux habitants des rives du Rhône. En 1628, les consuls de cette ville, effrayés des ravages que la peste faisait dans les environs, se vouèrent à la Sainte Vierge aux pieds de cette statue. Tournon fut très miraculeusement protégé.

cun mal ! » Elle se leva, et s'étant mise à marcher, elle alla de la balustrade du chœur à la sacristie, au milieu des cris de reconnaissance et de joie de tous ceux qui pouvaient constater la faveur dont elle était l'objet.

« Toutes les personnes de qualité que renfermait alors la ville de Lyon vinrent la voir ; le cardinal lui-même désira entendre de ses lèvres, le récit de sa guérison... »

« Qu'était-ce cependant que cette grâce en comparaison de celles dont elle a été la source en moi, et que mon Dieu a daigné depuis verser dans mon âme? disait-elle à son directeur quelques années après. Le P. Morin, la pressant de s'expliquer davantage, elle ajouta : Je me trouvais, au moment de ma guérison, saisie d'une grande émotion intérieure, suivie d'un calme si complet, d'un bonheur si inexprimable, que je ne pus faire aucune réflexion sur ce qui se passait en mon corps. Mon cœur était attiré vers Dieu par le désir d'être à lui seul, et consolé par une très vive certitude de ne plus appartenir qu'à lui [1] ! »

[1] *Oraison funèbre.*

IV

CONVERSION

Après avoir fait, dans le couvent de Sainte-Ursule, une neuvaine de prières pour rendre grâce à sa libératrice, Mme d'Herculais revint à Saint-Vallier.

Elle y apporta la ferme résolution de rompre avec le monde. La faveur signalée dont elle venait d'être l'objet, et qui avait eu, en Dauphiné, un profond retentissement, lui donnait ostensiblement le droit de tout entreprendre; Dieu, en rétablissant ses forces et en munissant son âme de l'énergie qui lui était nécessaire pour renverser les obstacles, lui imposait le devoir de tout oser. Elle allait rencontrer des difficultés de tous genres autour d'elle et devait même en trouver dans son propre cœur. Mais, lorsque le combat s'ouvrait, Marie se recueillait aux pieds de son Sauveur et l'appelait à son aide. Il lui apparaissait alors les bras étendus, le côté ouvert et répandant du sang à grands flots : — « Que veux-tu ? » lui disait-il. — « Je ne veux rien, répondait-elle, toute ravie ; je ne veux que vous, mon Seigneur : qu'ai-je à désirer si je vous possède ?[1] »

Et le divin Maître, disons aussi le divin Modèle, lui montrait les chemins qui conduisent à lui. Il en était où les épines croissaient nombreuses et de toute nature ; il en était d'autres que les flammes et la fumée couvraient. Marie reconnaissait sans peine dans ces symboliques images les afflictions spirituelles et temporelles : — « Voici les voies qu'il faut tenir, lui disait encore son Sauveur ; voici les routes du ciel où passent les âmes qui veulent m'appartenir entièrement... »

Tout abimée dans sa contemplation, Marie affirmait à son Seigneur que rien ne l'arrêterait : — « Mon Dieu, mon Dieu, lui disait-elle, je passerai, quelque rudes et difficiles que soient les chemins. S'il me faut traverser l'enfer pour être uniquement à vous, je le traverserai, pourvu que vous m'assistiez de votre grâce et que je ne vous offense jamais [2] ! »

Mme d'Herculais aimait tendrement son mari :

[1] *Recueil des grâces.*
[2] *Recueil des grâces.*

ce fut de lui et de sa belle-mère que son cœur eut le plus à souffrir. Déjà, nous avons vu en quelles tristesses l'absence de M. d'Herculais la plongeait pendant sa maladie. Après sa guérison, il ne vint pas la voir à Saint-Vallier. Marie désira alors bien vivement le rejoindre à Theys. C'était pour elle un impérieux devoir avec lequel elle ne pouvait et ne voulait pas transiger ; mais sa belle-mère, restée en possession du gouvernement de la maison, s'y opposa dès l'abord. La lettre que Mme de Valernod écrivit à cette époque à Mme de Tournet, permet d'en juger :

« Madame ma très chère sœur, lui mande-t-elle, je vous remercie très humblement de l'honneur de votre souvenir et de celui que vous faites à ma fille, laquelle, par la grâce de Dieu, se porte parfaitement bien. Çà été un effet de sa bonté de lui avoir redonné la santé, par l'intercession de sa Sainte Mère, lorsqu'elle était désespérée de tous les médecins. Dieu lui fasse la grâce de n'en pas être méconnaissante, non plus que des obligations qu'elle vous a. L'on m'a dit que vous n'aviez pas envie qu'elle fût à Herculais cet hiver. Je vous prie de croire qu'elle n'ira que lorsque vous le commanderez, sa compagnie m'étant fort agréable. Je m'étonne de ce que nous n'avons point de nouvelles de M. d'Herculais ; je croyais qu'il viendrait voir sa femme, une fois sa santé recouvrée. J'ai été fâchée de n'avoir pas rencontré ici Mme de Franc. Je ne la manquai que d'une heure. Ça été ma seule mortification après un voyage si heureux. Je sais que M. de Lyonne en a écrit toutes les particularités à M. d'Herculais, c'est ce qui me dispense de vous les dire[1]... »

Sans doute, Mme de Tournet se laissa fléchir, car Marie ne tarda pas à retourner à Theys. Dès son arrivée, elle mit résolument la main à l'œuvre, et voici, tel que nous le donne le P. Morin[2], l'ordre de sa journée :

Elle se levait à quatre heures, quelque froid qu'il fît. Aussitôt levée, elle employait un quart d'heure à l'exercice du matin, qu'elle appelait : action de grâces ; après quoi, elle s'adonnait à l'oraison. Sa dévotion en mesurait la durée. Elle allait ensuite entendre la messe à l'église de la paroisse, quelle que fut la rigueur du temps. La pluie et la neige ne l'arrêtaient point. Parfois, lorsque le chemin était couvert de glace, elle en descendait les pentes en se soutenant de ses mains le long des haies.

Revenue au château, elle passait le temps qui lui restait jusqu'au dîner, soit en pieuses lectures, soit en prières, soit à l'examen de sa conscience.

1 *Archives de l'Isère.*
2 *Oraison funèbre.*

Lorsqu'on l'avait avertie que le dîner était servi, elle descendait à la salle à manger, et s'y comportait, disent ses biographes, avec un tel respect pour sa belle-mère, qu'on l'eût prise pour une étrangère, quoique au foyer de sa propre maison [1].

Après le dîner, si elle n'était pas retenue auprès de son mari, ou appelée au dehors auprès des pauvres et des malades, elle se retirait dans son cabinet et s'y livrait tour à tour à la lecture, au travail manuel et à la prière.

Le souper n'interrompait que peu de temps son oraison; elle y revenait ensuite et s'y adonnait jusqu'à onze heures ou minuit. Si elle était seule, sans son mari, et maîtresse de ses actions, elle y passait même des nuits entières. Parfois, lorsque le silence s'était fait autour d'elle, dans le château d'Herculais, et que tous, maîtres et serviteurs, paraissaient plongés dans les douceurs du sommeil, elle se levait, s'agenouillait sur le sol, et restait ainsi de longs moments à adorer, à louer, à glorifier son Sauveur [2].

[1] Le R. P. Morin; le R. P. Bertal.

[2] Ces détails sont donnés également par le P. Morin et par le P. Bertal. Mme d'Herculais écrit dans le *Recueil des grâces* : « J'ai gardé longtemps un très grand désir de me lever la nuit ; enfin, après beaucoup d'instances, mon confesseur m'a permis de me lever et de faire une heure d'oraison... »

Ses jeûnes étaient presque continuels. On a peine à en décrire les rigueurs. Souvent un peu de pain lui suffisait. Elle était ingénieuse à les dissimuler à son mari, à sa belle-mère, même à ses serviteurs. Interrogée par le P. Morin pendant les derniers mois de sa vie, sur les abstinences des jours qui suivirent sa conversion, Marie s'en étonnait elle-même, et évaluait à la grosseur d'un œuf ce qu'elle absorbait alors chaque jour.

Là ne se bornait pas sa pénitence : le matin, le soir, elle découvrait ses épaules et les meurtrissait avec un fouet sanglant. Son cilice était si serré autour de sa taille, les chaînes, dont elle liait ses bras, si profondément enfoncées dans les chairs, qu'elle ne pouvait ensuite les en arracher qu'avec de grands efforts et de cruelles douleurs : « Dieu me donne, dira-t-elle à son confesseur, lorsqu'il essayera de borner ses ardeurs, Dieu me donne des élans d'amour si grands, si violents, que si j'avais le pouvoir de me mettre en pièces pour le venger des fautes que j'ai commises, je le ferais. »

Linge fin, dentelles, habits luxueux, tout avait été mis de côté dès les premières journées de son retour à Theys. Sa mère en fut instruite et lui en fit des reproches : « L'on me dit, lui écrivit-elle, que vous commencez à vous négliger. Je ne le veux pas, et si je suis crue, vous serez plus propre aux champs qu'à la ville [1]! »

Elle était crue, cette mère si aimée : Marie se conformait aux usages et aux modes de son temps [2], en tout ce qui s'adaptait à sa simplicité ; mais pouvait-elle se couvrir de somptueux vêtements contre le désir de Dieu ?

Lorsque Mme de Valernod avait prié, supplié sa fille de mettre des bornes à ce qu'elle appelait l'*excès de ses austérités*, Marie levait les yeux de son âme vers son Sauveur. Elle le voyait tout couvert de plaies, le manteau de pourpre sur les épaules, la couronne d'épines sur la tête, ruisselant de sueurs et de sang : — « Qui vous a traité de la sorte, ô mon bien-aimé Maître ? » lui disait-elle... — « Ce sont les péchés des hommes et particulièrement les tiens, répondait le Seigneur. Autant de fois tu as méprisé mes commandements pour suivre le monde, autant de soufflets et de coups de fouets tu m'as donnés. Mais l'amour que je te porte est si grand, que malgré tes infidélités passées, toutes les fois que tu viens à moi pour me demander miséricorde et pardon, je suis prêt à te recevoir, même à mourir de nouveau pour te faire vivre [3]! »

[1] *Archives de l'Isère.*
[2] *Discours choisis.*
[3] *Recueil de grâces.*

Mme de Valernod n'était pas seule à s'inquiéter et à se demander si sa fille, jeune encore et délicate, pourrait marcher longtemps dans la voie qu'elle avait prise. A Theys, sa belle-mère, son mari, sa belle-sœur Louise de Commiers, ses beaux-frères, Nicolas et François, se le demandaient également ; et ne comprenant pas encore les desseins divins sur son âme privilégiée, s'emportaient en plaintes, en murmures, même en railleries. Serviteurs et servantes, métayers et bergers, il n'était personne, sauf une jeune fille attachée plus spécialement à Marie, qui osât lui jeter un regard de compassion : « Elle perdra bientôt la raison ! » disaient les uns. « Quelle oisiveté ! » répondaient les autres. « Il n'est pas étrange, ajoutaient d'autres encore, qu'elle soit sans autorité et sans pouvoir dans sa maison ! »

Marie voyait, entendait, comprenait tout, et pas une plainte ne s'échappait de ses lèvres, pas une larme de ses yeux. « Elle passait au milieu de tous ces opprobres domestiques avec une douceur angélique ; ses inférieurs et ses égaux ne recevaient d'elle que des bienfaits, ses supérieurs que des témoignages de respect et d'affection [1]. »

Il ne faudrait pas s'imaginer cependant que

[1] *Oraison funèbre*,

Mme d'Herculais fût de ces natures froides et mortes qui ne sentent rien. Elle était, au contraire, d'une tendresse et d'une sensibilité extrêmes, ressentant vivement le moindre manque d'égards, s'épanouissant comme une fleur à la moindre preuve d'affection. Il y avait en elle également une fierté naturelle et instinctive, qui devait lui rendre particulièrement cruels et amers les mépris auxquels elle se voyait condamnée. Avec cela, vive, enjouée, spirituelle, portée si naturellement au plaisir que Dieu avait dû lui donner une preuve spéciale et surnaturelle de sa volonté, pour lui faire embrasser le parti qu'elle avait pris.

Voilà en quelles dures épreuves s'écoulait la jeunesse de Marie, à peine âgée alors de vingt-trois ans. Mais les souffrances, les humiliations, le mépris des créatures ne sont pas des obstacles à la sainteté; au contraire, ils en deviennent, quand l'âme s'y prête, les ouvriers les plus actifs et les plus puissants. Persécutée, humiliée, presque chassée de sa maison, Marie se réfugiait de plus en plus en son Dieu. C'était auprès du Saint-Sacrement qu'elle allait chercher de la consolation et des forces. Notre-Seigneur, pour la soutenir, lui apparaissait portant sa croix et lui montrait ses plaies. Cette vue provoquait en elle tant d'amour, que les maux qu'elle avait à souffrir ensuite, quelque pénibles qu'ils fussent, satisfaisaient son cœur.

Elle dut à sa douceur et à sa patience de les voir du reste bientôt finir. Son mari, sa bellemère, ses parents, tous ses serviteurs rendirent enfin hommage à sa vertu.

M. d'Herculais se plut même à admirer son abnégation et son obéissance, et à les faire admirer à ses amis.

Un jour qu'il tenait à en donner une preuve à deux d'entre eux qui étaient venus le visiter à Theys, il alla l'inviter à jouer, en un moment où il savait qu'elle était en prières. Marie, reconnaissant dans la volonté de M. d'Herculais celle de Dieu, se hâta de le suivre et proposa la partie avec cette grâce ravissante dont elle avait le secret. La partie fut longue ; Marie parut ne pas s'en apercevoir, et y attacha jusqu'à la fin une si grande attention, y garda une si douce gaîté, qu'on eût dit qu'elle en faisait ses délices [1].

En correspondant aux desseins de Dieu avec un ardent amour et une extraordinaire énergie, Mme d'Herculais avait été conduite en peu de temps aux sommets élevés de la perfection.

[1] *Oraison funèbre.*

V

CHARITÉ DE MARIE ENVERS LES MALHEUREUX

Un jour que Mme d'Herculais assistait aux vêpres, pendant que les fidèles chantaient le *Vexilla Regis*, elle fut vivement attirée, c'est elle-même qui l'écrit[1], à considérer Jésus souffrant, et à lui demander des larmes de compassion pour toutes les douleurs qu'il avait endurées et des larmes d'une vraie et parfaite contrition pour tous les péchés qu'elle avait commis : — « Lorsque vous m'aurez donné des larmes, dit-elle ensuite à son Sauveur, avec cette liberté qu'inspire un ardent amour, je vous contraindrai bien de m'accorder ce qui m'est nécessaire ! »

— « Que veux-tu, ma fille, que veux-tu ? » lui

[1] *Recueil des grâces.*

répondit alors notre adorable Maître, comme s'il eût été pressé de satisfaire tous ses désirs.

— « Je veux, ajouta-t-elle, tremblante de crainte et de joie, je veux que vous me fassiez connaître votre sainte volonté, afin que je l'accomplisse en tout et partout ; je veux que vous m'accordiez votre grâce pour ne plus mettre d'obstacle à l'accomplissement de vos desseins; je veux, ô mon Roi, que vous me montriez en quoi je puis vous glorifier, car je désire n'être plus inutile et oisive dans votre maison!... Faites-moi, reprit-elle encore, avec des instances embrasées d'amour, mériter en cette vie, le repos que par votre précieux sang, vous m'avez acquis et préparé en l'autre! [1] »

Sans doute, Notre-Seigneur fit connaître à la pieuse Marie, qu'il désirait d'elle une grande charité envers les membres souffrants de son corps mystique, car, à dater de ce jour, elle mit à les servir un empressement extrordinaire.

Ce n'était du reste pour elle *que retourner à son cœur*[2]. Dès le berceau, elle les avait aimés et ne pouvait les voir sans chercher aussitôt à les soulager. Plus tard, elle leur consacrait le superflu, qu'elle savait refuser aux habitudes de son sexe et de son rang. En 1637, lorsque saint

[1] *Recueil des grâces.*
[2] *Isaïe* XLVI. 8.

Vincent de Paul avait envoyé en Dauphiné MM. Codoing, Gresnu, Durot, la généreuse conduite de sa mère, sacrifiant aux pauvres de Saint-Vallier le calme de ses journées et le repos de ses nuits, lui avait inspiré une jalousie bien légitime.[1] A l'heure de sa conversion, Marie s'abandonna donc sans réserve à ce penchant qui lui était naturel.

Les dons les plus considérables n'étaient pas de nature à satisfaire longtemps son amour pour les malheureux. Elle leur offrit bientôt ce dévoûment personnel, ces soins tendres et patients, qui sont assurément aux yeux de Dieu comme aux

[1] Marie devait laisser loin derrière elle, les conseils cependant si beaux que M. Gresnu, le disciple de saint Vincent de Paul, avait adressés à sa mère et aux femmes de Saint-Vallier, le 8 novembre 1637, lorsque les réunissant sous la présidence de leur curé, noble Christophe de Bosaz, il avait établi dans la paroisse la confrérie de la Charité.

Le cœur si aimant de saint Vincent de Paul s'était ému de la générosité de ces pieuses femmes; et quand il avait voulu rappeler MM. Codoing, Durot, Gresnu, de ce Dauphiné « où Dieu avait si visiblement béni leurs travaux, » il avait dû user d'une sainte violence. Sa lettre nous rend fidèlement l'écho de ce combat :

« Je ne doute pas, écrit-il à celui des trois missionnaires qui paraît diriger leur laborieux ministère, je ne doute pas que votre cœur ne se sente comme arraché de ce pays-là, où vous avez poussé des racines de charité dans les âmes, et que vous n'éprouviez les tendresses de saint Paul, quand il dit le dernier adieu à ce peuple qui pleura tant sur lui. Mais quoi! il n'appartient qu'à un cœur vraiment apostolique à s'affermir contre ces tendresses, à passer

yeux des pauvres, la plus sainte et la plus précieuse des aumônes.

Quand donc les malheureux venaient frapper à la porte du château d'Herculais et qu'elle leur avait donné de quoi subvenir à leurs premiers besoins, elle s'informait de leur demeure afin d'aller les voir ; et alors, ni les distances, ni les difficultés des chemins, ni la pluie, ni la glace ne l'arrêtaient. Elle savait que rien ne fortifie le sentiment de la charité comme la considération des misères humaines dans ce qu'elles ont de plus matériel et de plus positif.

Les chaumières les plus délabrées et les plus repoussantes l'attiraient. Elle y pénétrait avec un pieux respect et une familiarité charmante, y apportant elle-même ce qu'elle croyait nécessaire aux hôtes infortunés qui l'habitaient. S'il en était de malades, elle redoublait pour eux de sol-

par-dessus et à se rendre là où la sainte obéissance lui fait connaître que Notre-Seigneur le demande... Que dis-je, ajoute saint Vincent, après avoir appris à son missionnaire comment on rompait ces liens sacrés, que dis-je à une âme, qui m'a paru toujours toute prête à aller aux antipodes pour l'amour de Dieu, si la sainte obéissance le requiert ? » — *Lettre de saint Vincent à M. Codoing, en mission à Romans en Dauphiné, 27 décembre 1637.*

Mme de Valernod, en rendant compte à sa fille des travaux de M. Gresnu, lui apprit qu'elle avait été nommée supérieure de la confrérie de la Charité de Saint-Vallier, mais cet hommage, rendu à ses vertus, n'était pas de nature à enorgueillir Marie. Note VII.

licitude et de compassion, leur rendant les services les plus rebutants, avec un zèle et une tendresse que l'amour de Dieu et des grâces spéciales pouvaient seuls lui inspirer.

Délicate et sensible comme elle l'était, ayant en horreur toute malpropreté, jamais on ne saura tout ce qu'elle fit pour se vaincre et de quels actes d'héroïsme fut rempli ce ministère. Non-seulement elle présentait elle-même de la nourriture aux pauvres infirmes qu'elle visitait, mais elle s'appliquait à faire leurs lits et à panser leurs plaies, recueillant avec des linges le sang gâté et le pus qui s'échappaient de leurs ulcères. Bientôt, elle arriva à leur rendre ces soins vils et pénibles, avec une gaîté si douce et un empressement si plein de compassion, que ceux qui la voyaient à l'œuvre disaient : « Elle parait manier des perles plutôt que des onguents[1] ! »

Les plus infirmes de ses pauvres étaient les premiers dans son estime. Éprouvait-elle en les pansant l'ombre d'une répugnance, et fallait-il vaincre une nature qui se soulevait malgré ses efforts, alors elle baisait les ulcères sur lesquels elle allait déposer ses compresses. Si on devait l'apercevoir et admirer son courage, elle cachait les linges et les emplâtres qu'elle venait d'enle-

[1] *Oraison funèbre.*

ver de dessus des plaies purulentes, pour les presser ensuite, en secret, contre ses lèvres, et offrir à son Sauveur cette victoire nouvelle sur la délicatesse de ses sens[1].

Une pauvre fille de sa maison dont le cou était garni d'écrouelles, n'eut jamais que sa maitresse pour infirmière. Mme d'Herculais s'exposait, car les écrouelles étaient ouvertes et ce mal est contagieux, mais peu lui importait: « J'ai vu, j'ai parlé à cette fille, s'écriait le P. Morin, quelques années plus tard du haut de la chaire de Notre-Dame, elle était guérie et elle attribuait sa guérison bien plus à la sainteté de sa maîtresse, qu'aux remèdes dont elle s'était servie en la pansant : « Madame ne me quittait quasi jamais, disait-elle, qu'elle ne m'eût baisé les pieds[2]. »

Mme d'Herculais servit de même, jusqu'à la mort, un jeune homme dont la jambe était couverte de plaies. Elle seule essuyait le sang vicié qui en sortait, préparait les compresses, posait les bandes, avec une attention et des soins que n'eût pas eus la mère de ce jeune homme elle-même[3].

Un palefrenier mourut au château d'Herculais, consumé par une fièvre intense. Elle le soigna le

[1] *Oraison funèbre.*
[2] *Id.*
[3] *Discours choisis.*

jour et la nuit. Après l'avoir veillé pendant les plus violents accès de sa maladie, sans rien craindre de la contagion, elle voulut lui laver elle-même les pieds, pour le préparer à recevoir les derniers sacrements [1].

Lorsque Marie était à Grenoble, c'était à l'hôpital qu'elle dépensait les trésors de son zèle. Elle y rencontrait des amies : Mmes de la Rochette [2], de Granieu, de Revel [3], de Sautereau... Ces saintes femmes rivalisaient avec elle de dévouement. Dieu bénissait par des miracles la charité de

[1] *Oraison funèbre.*

[2] Louise de Simiane, guérie miraculeusement par l'application de la sainte Épine, maintenant à la cathédrale de Grenoble. Elle avait pour frère, Louis, abbé de la Gran, vicaire général de Grenoble; Abel, président à la Chambre des comptes, qui épousa Anne de la Croix de Chevrières et Claude, président au Parlement, lequel s'unit à Louise du Faure.

[3] Jeanne de la Croix de Chevrières, connue sous le nom de Mme de Revel, épousa noble Félicien de Boffin, baron d'Uriage, avocat général au Parlement de Grenoble, dont elle eut six enfants.

Guy Allard écrit de cette femme : « Jeanne est une héroïne, qui a toujours su mêler les affaires de son salut avec celles du monde. C'est par ses soins qu'il y a dans la ville de Grenoble une Propagation de la foi... Elle a connu les secrets du ciel et ceux du Parnasse, et a parlé de Dieu avec tant de dévotion et d'éloquence qu'elle a eu de vivacité d'esprit à converser avec les muses. »

Sainte Chantal allait la voir au « château du Moulard, » (devenu de nos jours le couvent de la Providence de Corenc), en se rendant de Grenoble à Chambéry. Elle l'aimait particulièrement. « Nous espérons bientôt la chère consolation de voir notre digne Mme d'Uriage, écrit-elle'

Marie : un jour, elle baisa une malheureuse femme dont le visage était à demi dévoré par un chancre et la pauvre malade fut guérie [1].

A ces prodiges divins, Marie répondait par des prodiges d'abnégation : un infirme, d'un estomac débile, ayant rejeté dans les convulsions de la souffrance, l'hostie consacrée qu'il venait de recevoir, Marie s'agenouilla devant cette hostie et l'attira sur ses lèvres, avec la même ferveur et le même respect que si c'eût été un prêtre qui la lui eût présentée [2].

En tout temps, qu'elle fût à Theys ou à Grenoble, son désir d'humiliations, sa soif des mépris, l'ardent besoin qu'elle éprouvait de souffrir pour imiter Jésus-Christ et le venger de ses offenses, la poussaient aux plus héroïques sacrifices. Témoins attentifs de sa vie, ses directeurs se demandaient cependant ce qui l'emportait dans son cœur, ou de l'amour de son prochain,

en 1627, à la sœur Françoise de Livron. Elle vous dira derechef de nos nouvelles. Je la salue cependant de tout mon cœur qui est vraiment tout sien. » — « Outre son rare mérite, cette chère dame nous est très étroitement unie, avouait la sainte Fondatrice, à quelque temps de là. Elle est tout à fait engagée dans les intérêts de la Visitation. »

[1] *Recueil des actions remarquables de feue Mme d'Herculais, avec des réflexions ou pensées dévotes sur chacune d'ycelles.*

[2] *Oraison funèbre.*

ou de la haine de ce corps de péché qui seul la séparait de son Sauveur [1].

Il faut entendre les accents de son âme à l'heure où son amour pour les malheureux l'entraînait à offrir à son divin Maître les mortifications étranges que nous avons essayé de redire :

« Mon Sauveur, votre bonté est incompréhensible; je vous demande votre croix, et lorsque vous me l'offrez, je la refuse; j'ai de grands désirs de souffrir pour vous, et lorsque vous me faites endurer quelque chose, je me plains; je crie vers vous, et je ne sais pas souffrir avec une volonté entièrement remise à votre divine Majesté ; je m'inquiète quoique je me confie parfaitement en votre amoureuse providence... Je vous demande que vous ne me priviez pas de ce bien que je possède avec trop d'attache; vous m'en privez, mon Seigneur, pour votre gloire et pour mon salut,... et je vous résiste ! »

« Mon Dieu ! mon Dieu ! ajoute-t-elle aussi en s'adressant au Père de toutes grâces et de toutes charités, quand donc mon âme sera-t-elle entièrement souple et obéissante à NOTRE JÉSUS? [2]»

[1] *Oraison funèbre.*
[2] *Recueil des Grâces.*

VI

Mme D'HERCULAIS DANS SA FAMILLE
SON ZÈLE POUR LE SALUT DES AMES

Mme d'Herculais ne se devait pas seulement aux malheureux, elle se devait à ses parents, aux serviteurs de sa maison, à tous ceux que ses conseils et ses exemples pouvaient élever vers Dieu.

Les lettres de sa mère et de ses frères, restées aux archives de la préfecture de l'Isère, nous permettent de juger de l'intérêt qu'elle portait à leurs affaires et à leurs plaisirs, sans doute afin de les gagner tous à son Sauveur.

« Ma chère fille, lui écrit sa mère, je suis bien aise de pouvoir te témoigner le contentement que j'éprouve d'avoir appris ta parfaite santé, de laquelle je doutais jusqu'à ce que j'en ai été assurée par M. de la Bastide [1], lequel a pris la peine

[1] Charles de Lyonne.

de me venir voir d'Hauterive; sa civilité et son Hermite me donnent les moyens de t'envoyer de mes nouvelles ; elles sont très bonnes, Dieu merci ! Nous nous préparons à recevoir ici à la fin de cette semaine, Mesdames de Rochefort, de Simiane, de Revel et de Lyonne, MM. de Chevrières, de Lyonne et plusieurs autres. L'on y attend Mgr l'Évêque de Viviers. M. de Bressieux nous fait espérer aussi d'y venir. Je te souhaiterais, ainsi que M. d'Herculais, pour mon parfait contentement. »

« Tu ne te doutes pas, ajoute Mme de Valernod, avec une ironie gracieuse et piquante, comment les dames de ce pays se préparent pour recevoir tout ce beau monde, particulièrement Mme Plantier, laquelle a déjà pris ses souliers découpés et sa jupe de damas [1]. »

M. de La Bastide n'apportait pas toujours des nouvelles : « Je m'étonne et me plains, écrit encore Mme de Valernod à sa fille, de n'en recevoir que rarement. Ta paresse me peine un peu et celle de M. d'Herculais. Si je n'avais crainte de te fâcher, je le convierais de me venir voir ; mais j'appréhende que le temps ne te dure éloignée de lui.

« Fais mes baise-mains à Mme de Tournet et

[1] *Archives de l'Isère.*

mes recommandations à Mme de la Forte et à M. de La Coche [1]. »

Hugues de Valernod avait quitté le service et était venu rejoindre sa mère, non aux Rioux: la vieille maison forte avait été momentanément abandonnée, mais à Saint-Vallier [2], où Mme de Valernod s'était retirée après le mariage de sa fille. De là, le maréchal-de-bataille des armées royales écrivait des lettres où *l'humour* cède toujours à la tendresse et à la vénération que lui inspirait sa bien-aimée sœur :

« .... Dame Magdeleyne vous prépare une entrée de bal qu'elle a apprise le carnaval dernier à Annonay, mande-t-il à son beau-frère; assurément il vous désopilera la rate: elle m'a prié de lui fournir un cheval pour aller voir ma chère sœur; mais je lui ai promis de la porter en croupe dans vos montagnes, au cas où vous ne voudriez pas venir tenir compagnie à M. de Lyonne. M. et Mme de Villars souhaitent extrêmement de vous voir à Saint-Vallier, ainsi que ma sœur. Je ne lui

[1] *Archives de l'Isère.*

[2] Costonay, greffier de Saint-Vallier, dont les enfants devaient acquérir des charges au Parlement de Grenoble, avait acquis le château des Rioux, en 1635. Hugues de Valernod rentra en possession de cette vieille demeure en 1653. Dix ans après, en 1663, il y faisait faire des réparations : « Si vous venez visiter nos rives de Galaure, écrit-il à M. d'Herculais, je vous promets une chambre neuve aux Rioux, qui s'appellera toujours de votre nom. »

écris pas, mais je la supplie, de tout mon cœur, de me donner le moyen d'exaucer les prières que tout le monde me fait pour la leur faire voir. Aucun ne le désire plus vivement que moi [1]. »

« Je ne doute pas, reprend-il à quelque temps de là, que l'impatience que vous témoignez à M. de Guérin, pour la réussite de mon affaire, ne soit un puissant motif de le faire agir; je ne suis que marri des souffrances que la poursuite en cause à ma chère sœur ; elle se serait mieux portée si elle fût demeurée à Herculais. Elle sait bien cependant qu'il faut tout remettre à la volonté de Dieu, et que plus on presse les affaires moins on y réussit. C'était assez des avances qu'elle avait faites lorsqu'elle en parla à M. de Guérin... [2] »

Le mariage dont il est question dans cette lettre n'eut lieu que quelques mois après la mort de Mme d'Herculais [3]. Dieu donna cette consolation

[1] 6 juin 1652. — *Archives de l'Isère*.

[2] *Archives de l'Isère*.

[3] M. de Valernod en fit part à son beau-frère le 29 septembre 1648, en ces termes : « Enfin la place fut rendue et la capitulation signée, dimanche dernier, par MM. de Ponnat, de Belmont, de Lyonne, de Guérin et des parties principales.

« Nous sommes tout près d'aller épouser à Romans. Si je ne puis avoir l'honneur de vous voir dans la fanfare, j'espère que vous me ferez celui de venir vous distraire à Saint-Vallier, lorsque la cohue sera passée.

« Je souhaite de tout mon cœur, ajoute-t-il, que l'esprit

à ce frère si aimé, et à Marie, la joie d'avoir travaillé en ce monde au bonheur de celui qui allait perpétuer les œuvres et les traditions de sa famille.

Les rapports de Mme d'Herculais avec les parents de son mari, furent, dans les débuts de sa conversion, difficiles et pénibles ; mais elle ne perdit pas la paix que Dieu accorde à l'homme de bonne volonté. En vain, sa belle-mère, ses beaux-frères et ses belles-sœurs accueillaient-ils par des propos durs et piquants ses moindres prévenances : elle n'en paraissait pas froissée; traversaient-ils ses pieux désirs? elle n'en conservait aucun ressentiment; blâmaient-ils son zèle pour le service du Seigneur? elle gardait le plus profond silence. S'il fallait défendre la gloire de ce Souverain Maître qu'on insultait en la blessant, elle ne répondait que par ces mots : « Dieu sait la vérité :

de Mme d'Herculais vous inspire de venir revoir encore le lieu de sa naissance... »
— *Archives de l'Isère*.
De cette union avec Anne de Mistral, fille de Laurent, conseiller au Parlement de Grenoble, Hugues eut quatre fils et six filles. Cinq de ses filles se consacrèrent au Seigneur dans l'ordre de la Visitation. Son fils Joachim entra au monastère de Saint-Ruf, dont il devint abbé, en 1704. Elzéar, le cadet, docteur de Sorbonne, vicaire-général de Vence, mourut chanoine de Nîmes, vers 1723. Jean-Baptiste, conseiller du Roi et président de la Sénéchaussée de Valence, épousa Anne le Camus.

Je suis pécheresse ! Il me pardonnera[1] ! » faisant ainsi tomber sur elle seule l'offense tout entière.

Sa soumission, à l'égard de ses supérieurs était si prompte, si complète, « qu'on l'eût prise, écrit le P. Morin, pour une novice dans son cloître, plutôt que pour une femme mariée dans son ménage. »

On l'a vue se lever de la Sainte Table où elle était près de recevoir Notre-Seigneur, pour obéir à ceux qui venaient la chercher de la part de son mari ou de sa belle-mère. « Elle quittait ses volontés aussi facilement qu'elle eût quitté des gants, lorsque les personnes de qui elle dépendait le requéraient[2]. »

Jamais elle n'oublia, même aux heures difficiles dont nous avons parlé, que M. d'Herculais était son chef comme Jésus-Christ est le chef de l'Église, et qu'elle devait lui être soumise en tout comme l'Église l'est à Jésus-Christ. A son ardente affection pour lui, elle joignait donc un profond respect, mettant un soin scrupuleux à ce qu'aucune de ses actions, de ses paroles les plus insignifiantes, ne pût le blesser. Le joug sous lequel elle se courbait était d'ailleurs, comme le veut l'Église, un joug d'amour et de paix; car M. d'Her-

1 *Oraison funèbre.*
2 *Oraison funèbre.*

culais, une fois revenu de ses préventions, ne tarda pas à lui accorder une pleine liberté dans l'exercice des œuvres de piété et de miséricorde qui seules l'intéressaient. Pendant les dernières années de sa vie, nous le verrons même l'encourager et la soutenir dans ses desseins, et prendre à sa charge la fondation d'un couvent de religieux Franciscains qu'elle désirait établir à Theys. C'était du reste sur une foi commune et sur la pratique des vertus que cette foi enseigne et de tous les devoirs qu'elle impose, que leur union était fondée.

Auprès de M. d'Herculais, Marie redoublait de gaîté et d'amabilité. Maîtresse d'elle-même, elle ne souffrait pas que ses secrètes austérités exerçassent une influence fâcheuse sur ses relations. Sa position lui assignait un rôle dans la société : elle le remplissait avec une grâce charmante. On eût dit, à la voir dans son salon, à Theys ou à Grenoble, que rien n'avait changé en elle; quand par un prodige de la miséricorde infinie, la charité la plus vive pour Dieu et le zèle le plus ardent pour le salut des âmes, y avaient cependant pris la place de l'amour des plaisirs et des vaines jouissance du monde.

Pieusement jalouse d'accomplir les desseins divins, plus elle avançait dans les mystérieuses voies qui lui avaient été montrées, plus elle se donnait à tous pour Dieu. Les serviteurs de sa maison étaient pour elle comme des membres de la famille. Elle ne bornait pas ses soins et sa compassion à leurs souffrances et aux difficultés de leur vie matérielle. Jamais elle ne perdait de vue les besoins de leurs âmes et les exigences de leur salut. Si M. d'Herculais en recevait un qui ne remplît pas exactement ses devoirs de chrétien, son attention était extrême à le préparer à la confession et à la sainte communion; hors de là, sa charité s'étendait à tous. Elle se rendait à la cuisine à une heure favorable et leur faisait le catéchisme ou une bonne lecture. La prière du soir se récitait à la chapelle; elle désirait que tous y fussent présents. S'il en était de paresseux qui ne se pressassent pas d'y arriver, elle allait les chercher elle-même. Dieu demandait-il davantage à quelques-uns d'entre eux, elle en était instruite, et leur enseignait à faire l'oraison mentale comme s'ils eussent été ses propres enfants.

Le zèle, quand il prend sa flamme au cœur du divin Maître, ne s'arrête pas aux limites du foyer. Celui de Mme d'Herculais s'étendait aux étrangers comme à ceux de sa maison. Il était si ardent qu'elle eût volontiers donné sa vie pour aider le prochain à faire quelques progrès dans la perfection; si infatigable, que parler, écrire, agir, rien ne lui coûtait. Par une propension de sa nature, devenue humble, elle cachait les grâces qu'elle recevait de Dieu; mais lorsque le récit de ces grâces pouvait être de quelque lumière à ceux qui l'approchaient, elle ne craignait pas de les leur révéler. « Je connais des personnes, écrit le P. Morin, fort désireuses de connaître les faveurs qui lui avaient été faites, dont toutes les questions seraient restées sans réponse, si elles n'eussent laissé croire à Mme d'Herculais que cette communication était utile à leur salut [1]. »

« Je l'ai vue dans les ardeurs d'une fièvre qui avait la longueur des lentes et la violence de celles qui sont aiguës, rapporte l'un de ses biographes [2], et je puis affirmer que je ne lui ai jamais entendu prononcer une parole d'impatience ; cependant les oublis de ceux qui la servaient étaient nombreux, leurs imprévoyances fréquentes, leur maladresse parfois complète. » « Je l'ai vue, ajoute-t-il encore, après une conversation de six ou sept heures de suite, où la charité l'avait tenue engagée avec diverses personnes qui se succédaient l'une à l'autre, recevoir aussi gracieusement la dernière qu'elle avait reçu la première, sans qu'un geste ou une parole pussent

[1] *Oraison funèbre.*
[2] Le R. P. Morin.

témoigner de la fatigue qu'elle en ressentait[1]. »

Cette paix inaltérable n'était pas, nous l'avons remarqué déjà, l'œuvre de la nature. Mme d'Herculais était née avec un caractère vif, ardent, impérieux même. « Le calme dont elle jouissait au plus fort des épreuves, elle l'avait conquis l'épée haute, et elle ne le conservait que par de continuels combats[2]. » Ceux qui l'approchaient ne se doutaient pas de ses efforts. Il faut lire les résolutions qui suivent ses retraites pour s'en rendre compte :

« Je m'appliquerai, écrit-elle, le 3 juin 1652, à supporter le prochain, les infirmités et mauvaises dispositions qui pourraient être en lui, avec douceur; lui donnant, par charité, plus d'accès et de liberté de me parler pour sa perfection; cherchant à la procurer par tous les soins possibles; remettant tout ce que je ferai pour ce sujet à l'amour de mon Dieu; m'y employant avec empressement et fidélité, dans toutes les occasions que sa providence me donnera. »

Elle écrivait encore : « Lorsque je traiterai avec le prochain, je dois me conserver dans une constante égalité, adorant en moi la Majesté de mon Dieu qui y repose; lui recommandant le su-

[1] *Oraison funèbre.*
[2] Ibid.

jet que j'aurai à traiter ou dont je traiterai; lui en remettant confidemment l'évènement, et le laissant agir en mon intérieur, dire et faire tout ce qui sera expédient pour sa gloire et l'avantage du prochain. »

A dater de l'année qui suivit la conversion de Mme d'Herculais jusqu'à l'heure de sa mort, le nombre des personnes qui avaient recours à ses avis et à ses prières alla toujours croissant.

Le P. Morin, témoin de ses actions et confident de ses pensées, s'étonne de toutes les lettres qu'on lui adressait et auxquelles, malgré les tortures et les angoisses des maux qui l'accablaient, elle pouvait encore répondre, de tous les conseils qui lui étaient demandés et qu'elle donnait, de toutes les affaires compliquées et difficiles qu'elle traitait.

« Il est vrai, ajoute-t-il, qu'elle avait divers moyens de venir en aide à ceux qui mettaient en elle leur confiance. » Quand elle n'obtenait pas leur conversion ou leur avancement dans la piété, par ses exhortations et ses prières, elle s'imposait des mortifications cruelles ou demandait à Dieu des souffrances. « Elle était si prodigue d'elle-même, dit encore son biographe, que je craignais quelquefois de lui recommander des âmes pécheresses, dans la crainte qu'elle ne priât Dieu de lui envoyer de nouvelles douleurs : douleurs qu'elle ne demandait presque jamais en vain[1]. »

« Convertissez ces pauvres insensés qui vous offensent, ô mon Dieu, s'écriait-elle, le 24 janvier 1652, après avoir communié, guérissez leurs plaies invétérées par l'application de votre sang.

« Mon Dieu! mon amour! affamez tous ces malades du pain vif dont vous m'avez nourrie. Empêchez-les de mourir en le leur donnant à manger, après les avoir ressuscités. Abreuvez-les de cette eau que je vous demande pour eux. Désaltérez-les, et remédiez à cette criminelle soif que le feu de l'enfer cause à leurs âmes...

« Je vous offre, Seigneur, le trésor que, dans votre amour, vous avez confié à mon cœur. Je vous l'offre et tout mon être avec lui, pour obtenir de votre miséricordieuse bonté tous ces cœurs infidèles.

« Donnez-les moi. Je ne les veux que pour vous, ô mon Dieu !

« Ne permettez pas que la grâce que vous venez de me faire s'arrête à moi seule.

« Demeurez en moi, et agissez pour votre gloire sur les cœurs de tous ceux que je verrai pendant ce jour.

[1] *Oraison funèbre.*

« Qu'ils soient tous remplis des flammes de votre amour, ô mon Dieu ! »

« O mon Dieu ! ô mon Tout! s'écrie-t-elle encore, il me semble que je porte tous les pécheurs dans mon sein, par l'ardeur et la soif que votre amour me donne de leur conversion. Voudriez-vous donc me laisser souffrir en eux??? Le mal de leur cœur blesse le mien d'une mortelle douleur. Remédiez-y, mon Amour ! Dites un seul mot et ces malades seront guéris. Jetez sur eux un des regards de votre miséricorde, et ces aveugles verront la lumière. Pourriez-vous refuser cette grâce à celle qui est à vous, et à laquelle vous vous êtes donné vous-même ! »

Le zèle de Marie s'étendait à toutes les âmes, s'attachait à toutes les œuvres de Dieu, particulièrement à l'établissement et à la prospérité des maisons religieuses.

Pendant la dernière moitié du XVIe siècle, le Dauphiné s'était trouvé soudainement transformé en un vaste champ de bataille où catholiques et protestants se prenaient au corps et s'entre-tuaient. Au XVIIe siècle, il était devenu fécond en institutions admirables et en saints. Onze monastères s'ouvraient dans la seule ville de Grenoble, de 1609 à 1652, et devenaient aussitôt l'asile des âmes les plus viriles, les plus humbles, les plus pures.

Le récollet Michel Daniel, l'un des plus vaillants fils de S. François d'Assise, apparaît le premier [1]. La mort ne lui permit pas d'achever le couvent dû à sa pieuse initiative ; mais déjà ses nombreux miracles avaient révélé ses vertus.

Une année s'était à peine écoulée [2], et le P. Natal de Virieu, provincial des capucins, jetait les fondations d'un monastère, où les plus nobles de la province, les Grolée, les Bardonnenche, les Sautereau, se hâtaient de revêtir le froc de bure.

En 1611, deux veuves, Geneviève de Valembert et Christine Peyron, s'unissaient pour catéchiser les enfants, visiter les malades, assister les pauvres. Douze ans plus tard [3], Mgr Scarron leur adjoignait deux religieuses, filles spirituelles du vénérable César de Bus : le couvent des Ursulines était fondé.

S. François de Sales montait, en 1617 et 1618, dans la chaire de Saint-André, et de nobles femmes s'empressaient de lui demander quelques-unes de ses filles de la Visitation. Il accéda aussitôt à leur désir.

En 1642, trois Bernardines frappaient aux por-

[1] En 1609.
[2] 1610.
[3] En 1623.

tes de Grenoble. Leurs projets de réforme avaient échoué à l'abbaye des Ayes. Elles n'apportaient pour tout bien que deux quarts d'écu, et pendant les longues nuits du cruel hiver qui suivit leur installation, elles furent contraintes, pour ne pas mourir de froid, de s'envelopper dans les couvertures des mulets du vicomte de Pasquier ; mais l'une d'entre elles, la mère de Ponsonnas, relevait leur courage : « Qui ne sait pas travailler ne sait pas souffrir, leur disait-elle, qui ne sait pas souffrir ne sait pas mourir, qui ne sait pas mourir ne sait pas aimer ! »

Les Augustins, appelés par Lesdiguières et fondés par le duc de Créquy [1] ; les Minimes, dotés par Marguerite de Sassenage [2] ; les Carmes par Charles de Neufville, seigneur d'Alincourt [3], s'installaient successivement, de 1632 à 1644. Ils furent suivis de la mère de Matel et de ses religieuses ; de nobles amis, MM. de Saint-Robert et de Boffin, Mmes de Rochefort et de Revel, les avaient introduites à Grenoble : leur protection ne préserva point les filles du Verbe Incarné des difficultés qu'éprouvent ordinairement à leur début les œuvres de Dieu.

[1] En 1632.
[2] Le 24 novembre 1643, Mgr Pierre Scarron les autorisa à s'établir dans le Faubourg Très-Cloîtres.
[3] En 1644.

Ces fondations pieuses n'allaient pas suffire aux exigences miséricordieuses du ciel et aux besoins de la terre : en 1647, Mme de Revel, mue par les exemples qu'elle recevait à Paris, dans la société de Mlle Le Gras, et sans doute par les conseils de S. Vincent de Paul, établissait à Grenoble, la maison de la Propagation de la Foi, afin d'offrir du travail et du pain aux nouveaux convertis. De concert avec Mme la présidente Dufaure, elle ouvrait également aux jeunes filles, tombées dans le crime, le refuge du Bon-Pasteur.

Le 13 juillet 1649, sept professes du Carmel de Lyon, pieusement jalouses d'offrir pour le Dauphiné leurs prières et leurs sacrifices, pénétraient dans la ville. Saint Hugues s'était montré à l'une de leurs supérieures, demandant avec instance des filles de sainte Thérèse pour son diocèse de Grenoble. Elles avaient répondu à son appel[1].

En 1652, les Jésuites obtinrent la permission de fonder un collège. Le P. Bardon, syndic des Dominicains, s'opposa quelque temps à l'ouverture des cours. Mais le P. Recteur affirma qu'en enseignant à la jeunesse les éléments des sciences, ni lui ni ses religieux ne porteraient atteinte aux leçons de philosophie et de théologie des disciples

[1] *Chronique des Carmélites.* — Archives du Carmel de la Tronche.

de saint Thomas. Bientôt leurs classes étaient peuplées de six à sept cents élèves [1].

Mme d'Herculais apportait son concours à ce mouvement magnifique de piété et de foi, et son nom est resté gravé dans les chroniques de ces divers couvents aux heures les plus difficiles et les plus glorieuses de leur existence.

Nous la retrouvons surtout chez les Ursulines et à la Visitation.

Son oncle, Arthus de Lyonne, lui avait ouvert simultanément ces pieuses retraites, où il avait cumulé les fonctions d'aumônier [2] et de supérieur [3].

En vrai fils de saint François de Sales, il y conduisait les âmes qui désiraient n'appartenir qu'à Dieu. Témoins sœur Madeleine de Saint Ignace de Lyonne, sœur Angélique de Guérin, et cette gracieuse Charlotte de Lyonne, qui n'avait paru un instant au mariage de sa cousine que pour s'enfermer à Sainte-Ursule, conviée elle-même à un hymen divin.

1 *Statistique du départ. de l'Isère. T. III.*

2 Arthus de Lyonne fut vingt et un ans aumônier des Ursulines.

3 « Ce grand serviteur de Dieu a toujours assisté paternellement avec beaucoup de charité ce monastère dans ses commencements, soit en la charge de supérieur, soit en toute autre occasion de nécessités spirituelles ou temporelles. »

— *Histoire de la fondation du monastère de Sainte-Marie-d'en-Haut.*

Vainement aurions-nous recherché quel rang Mme d'Herculais occupait au milieu de toutes ces grandes et saintes âmes, si un vieux manuscrit ne nous eût permis de l'apercevoir à la Visitation [1], au dernier jour d'une des retraites qu'elle était si heureuse d'y faire!

Les religieuses se sont réunies dans la salle de communauté : sœur Marie-Constance de Bressand, la fille spirituelle de M. Olier, est là, ainsi que les sœurs Marie-Antoinette de Villiers, Barbe-Séraphique de Chevrières, Gasparde Meney, Angélique de Guérin, Madeleine de Granieu...

Toutes s'asseyent comme d'humbles novices autour de Mme d'Herculais.

La supérieure, se faisant alors l'interprète de ses religieuses, la presse de prendre la parole.

L'humble Marie se récuse : C'est à celle qui tient à la Visitation la place de Dieu même, répond-elle, qu'il appartient de répandre sur toutes les sœurs, les eaux vives qu'elle va puiser à la source sacrée.

Une demande plus instante encore s'échappe des lèvres de la supérieure. Marie croit recevoir

[1] Ce vieux manuscrit appartient à la Visitation de Romans. On le trouve encore dans la bibliothèque de l'Arsenal, à Paris. Il est intitulé : *Remarques faites sur la vie de Mme de Valernod, dame d'Herculais, par les religieuses du monastère de la Visitation de Sainte-Marie-d'en-Haut, où elle allait souvent faire des retraites.*

un ordre divin, et sans préparation, sans trouble aucun, elle ouvre les trésors de grâce et de vie que le Seigneur lui a confiés, pendant les délicieuses journées qu'elle vient de passer sous son regard.

« Ses paroles sont embrasées d'un amour si ardent pour Dieu, et d'un si grand zèle pour le salut des âmes, rapporte la religieuse qui s'est faite le secrétaire de cette réunion, qu'on pourrait croire Mme d'Herculais toute de feu. »

Telle elle s'était montrée dévorée de zèle pour les âmes, sur les hauts coteaux de Theys ou sous les cloîtres de la Visitation, telle nous la retrouvons partout, même dans les rues de Grenoble.

Un jour, qu'elle y accompagnait le Saint Sacrement qu'on portait aux malades, le prêtre frôla de sa soutane un malheureux jeune homme, qui, dès que le Saint Sacrement eut passé, se prit à blasphémer.

Tout émue de ces blasphêmes, la fervente Marie s'adressa à son Dieu et lui dit avec vivacité :

— « Mais, mon Tout, n'avez-vous donc jeté aucune de vos ardeurs, aucun des rayons de votre lumière, dans l'âme de cette pauvre créature ? »

— « Ma fille, lui répondit avec tristesse le Seigneur, j'ai projeté sur son âme les rayons de ma lumière, mais les ténèbres dont elle est enveloppée sont si épaisses, qu'elles en ont empêché les effets. »

— « O soleil de Justice ! reprit alors Marie, n'êtes-vous donc pas assez fort, pas assez puissant pour dissiper les ténèbres qui annulent dans les âmes qui sont à vous les effets merveilleux de votre amour ? »

Et considérant les ténèbres qui pouvaient couvrir son âme et entraver l'action divine, elle s'écria : « Rayonnez, rayonnez sur elle, ô mon Jésus ! et puisque votre amour pour moi vous contraint à me visiter si souvent, illuminez-moi de telle sorte que je vous connaisse et que je me connaisse[1]. »

[1] *Recueil des grâces.*

VII

MORTIFICATIONS

Un soir, veille de l'Ascension, Marie agenouillée au pied de l'autel, suppliait le Seigneur d'orner son cœur de tous les dons et perfections qui pourraient lui être agréables et de l'entraîner avec lui au ciel : « Apprenez-moi, ô mon Dieu! disait-elle, ce que je dois faire pour rendre ce cœur digne de vous; » et considérant ses faiblesses : « Quand donc sera-t-il tout vôtre, ô mon Jésus, ajoutait-elle ; quand le posséderez-vous entièrement? »

Notre-Seigneur lui répondit : « Lorsqu'il sera vide de tout! »

Marie, en entendant la parole de son Sauveur s'arrêta, frappée à la fois de stupeur et de joie; ensuite, elle recommença sa prière : « Quand

6

donc mon cœur sera-t-il tout à vous? Quand donc le possèderez-vous entièrement? »

La voix divine se fit de nouveau entendre : « Lorsqu'il sera vide de tout, hors de moi[1]! »

A partir de ce moment, Marie sentit croître en elle avec l'amour de Dieu, le détachement des créatures et un tel besoin d'immolation et de souffrances qu'elle se demandait en vain comment elle pourrait le satisfaire. Sa vie cependant si pieuse, si dévouée aux bonnes œuvres, si mortifiée, lui faisait horreur. Elle eût voulu la laver dans ses larmes, la baigner dans son sang, poursuivre dans ses veines les derniers restes du péché. Il fallait que sa mère[2] et son directeur[3] intervinssent pour mettre des bornes à ses mortifications. Alors elle s'adressait à son Seigneur, lui demandant de se venger lui-même comme il avait fait naguère : « Mon Dieu, voyez mes désirs; exaucez-les. Faites-moi brûler des feux de votre amour. Oui, mon Dieu, je veux l'amour ou la mort; mourir ou vous aimer; languir dans de cruelles souffrances ou être enlevée à la terre; ne

[1] *Recueil des grâces.*

[2] « Les jeûnes vous sont tout à fait contraires, lui écrivait sa mère; je crois que si vous ne laissiez jamais trop longtemps votre estomac vide vous vous en porteriez mieux. Vous savez que vous êtes extrêmement faible... » — *Lettre de Mme de Valernod à Mme d'Herculais. — Arch. de l'Isère.*

[3] *Oraison funèbre.*

prendre mon repos qu'en vous ici-bas ou n'y avoir point de vie [1] ! »

Consacrée dès longtemps au Dieu humilié, souffleté, crucifié, à l'Homme des douleurs en un mot, Marie ne voulait pas d'autre sort. En vain Notre-Seigneur la comblait-il de délices ; elle eût préféré des souffrances : « Jusques-à quand, mon Seigneur, lui disait-elle, mènerez-vous mon âme par ce chemin si doux de vos consolations, quand vous avez passé vous-même par celui des douleurs ? Faites donc, mon Créateur, que je vous suive [2] ! »

Lutte étrange où Notre-Seigneur devait se laisser vaincre, mais à la suite de quelles instances ! Un jour que Marie l'avait pressé plus vivement que de coutume, le divin Maître lui répondit cette seule parole : « Attends ! »

C'était annoncer à Marie que l'heure n'était pas éloignée où elle serait rassasiée de souffrances ; mais la soif qui la tourmentait était si grande que, pour en tromper les ardeurs, elle se livrait à toutes les mortifications dont la pensée arrivait à son esprit et que son directeur ne devait pas condamner [3].

[1] *Recueil des grâces.*

[2] *Recueil des grâces.* — Elle signait souvent ses lettres à ses directeurs : MARIE DU CALVAIRE.

[3] Un jour qu'elle priait son Sauveur de lui révéler ses desseins, il lui répondit qu'il voulait d'elle de grandes

Nous l'avons vue, dans les débuts de sa conversion, porter aux repas où elle était conviée, de la poudre d'absinthe, afin d'enlever aux mets qui lui seraient servis toute leur saveur [1].

« Lors même qu'elle était souffrante, ajoute son biographe [2] et que les vomissements ne lui permettaient pas de garder de nourriture, elle y mêlait toujours ce suc du Calvaire. »

Auprès des pauvres et des malades, quand elle leur rendait les soins pénibles et répugnants que nous avons essayé de décrire, ce n'était pas seulement au devoir de la charité qu'elle obéissait ; nous l'avons constaté, elle cherchait encore et elle trouvait dans les œuvres de miséricorde, un moyen d'immoler cette chair, contre laquelle elle avait déjà si victorieusement lutté.

Pour réduire son corps en servitude, elle s'infligeait de rudes disciplines : « Les ceintures de fer ou de crin, les haires, qui épouvantent encore à cette heure tous ceux qui les manient, écrit le P. Morin, ne lui suffisant pas, elle demandait

mortifications, mais qu'elle ne devait rien entreprendre sans le conseil et la permission de ses supérieurs. » — *Recueil des grâces.*

[1] Elle avait accoutumé de dire avant de se mettre à table : « Mangeons par amour, ce que l'amour nous donne. » — *Recueil des actions remarquables de feue Mme d'Herculais avec des réflexions ou pensées dévotes sur chacune d'ycelles.*

[2] Le P. Morin.

des orties, s'en couvrait les bras et les épaules, et retournait à ses affaires, conservant au milieu des piqûres les plus agaçantes, la sérénité d'un ange et l'immobilité d'une statue [1]. »

Les veilles les plus longues n'effrayaient pas plus son courage que les coups de la discipline la plus acérée. Quand son mari était absent, elle obtenait de son directeur la permission de passer une grande partie de la nuit aux pieds de Jésus, l'époux de son âme. Du jeudi au vendredi-saint, elle ne se couchait jamais: c'était auprès du Saint-Sacrement, dans la chapelle du château d'Herculais, qu'elle demeurait prosternée. En 1654, après avoir obligé tout son monde à se retirer et avoir fait à genoux une oraison de plusieurs heures, ses forces la trahirent. Elle dut prendre du repos; mais pour qu'il lui fût douloureux et pénible, elle alla chercher dans la cour des pierres aigües, sur lesquelles elle s'étendit. Son chapelain rapporte, qu'au lever du jour, lorsqu'elle quitta la chapelle, ce fut pour entrer dans son cabinet où elle se flagella une demi-heure avec une discipline de fer.

Si on le lui eût permis, elle se fût ouvert les mains et les pieds, afin de souffrir quelques-unes des douleurs que son adorable Maître avait endu-

[1] *Oraison funèbre.*

rées dans sa passion. On l'a vue tenir de longs moments ses mains sur une flamme intense, tandis que de ses lèvres souriantes s'échappait cette parole : « Redouble ta chaleur, ô flamme! plus vif est l'amour qui règne dans mon cœur[1]. »

Un jour qu'elle assistait à la procession, la vue du prêtre donnant la bénédiction avec la croix, la transporta de bonheur; elle fut aussitôt ravie en extase. Le Seigneur vint à elle et déposa une croix entre ses bras. Elle la reçut, la baisa, la serra contre sa poitrine, et, après avoir vivement remercié son Dieu de lui avoir donné cet instrument de son supplice, elle lui demanda avec de grandes instances qu'il l'aidât à la porter. « Pourvu que vous restiez avec moi, se pritelle à lui dire, je ne craindrai rien ! »

Cette vision dura peu de temps, mais lui laissa un si grand désir de porter la croix qu'avait portée son Sauveur, qu'elle ne pouvait s'en distraire[2].

A quelque temps de là, émue également d'amour et de douleur, « se souvenant qu'elle avait eu la gloire de se faire l'esclave du Roi des rois,

[1] Salvaing de Boissieu a célébré cette mortification par des vers :

Ardentem manibus teneris dum teneret ignem,
Herculia in pœnas ingeniosa novas,
« Concipe, dicebat, majores, flamma! calores :
Acrius in nostro pectore flagrat amor. »

[2] *Recueil des grâces.*

et que les esclaves portaient gravé sur leurs corps le nom de leur maître, elle prit des ciseaux, suspendus à sa ceinture, raconte le P. Morin, et en enfonça quinze ou seize fois la lame dans son bras gauche, aussi profondément qu'il lui fût possible de le faire. Elle ne s'arrêta qu'après y avoir tracé une grande croix ; et tandis que ses nerfs rudement blessés, lui causaient des douleurs intolérables, que l'enflure se formait, que le sang coulait en abondance de ces plaies, l'esclave du Crucifié, ne se préoccupant que de satisfaire son cœur, écrivit avec ce sang la protestation de son amour. « Ce divin amour régnait alors en moi, dira-t-elle, si impérieusement et si doucement, qu'on eût pu compter tous mes os, sans que j'y eusse fait attention [1]. »

« J'ai vu moi-même, ajoute le P. Morin, la protestation que Mme d'Herculais traça ainsi avec son sang... J'ai touché, j'ai compté, lorsque j'eus reçu son dernier soupir, les honorables cicatrices de cette vaillante guerrière, et le bras qui les portait m'a paru être plutôt le trophée de l'amour que la dépouille de la mort [2] ! »

Sans doute ces actes seront taxés d'excès et de folie par un grand nombre. Mais ces excès correspondent à d'autres excès plus inexplicables,

[1] *Oraison funèbre.*
[2] *Id.*

et il ne nous est pas permis de détacher les uns des autres. Ici, ce sont donc les verges et les cilices de la pénitence, c'est une protestation d'amour écrite avec du sang. Mais là, c'est une croix à laquelle est clouée le Dieu fait homme : ses pieds et ses mains sont percés, son front est couronné d'épines, son côté est ouvert !

Quand donc les excès de l'amour de l'homme égaleront-ils les excès de l'amour d'un Dieu ?

Déjà nous avons entendu Mme d'Herculais demander à Notre-Seigneur, avec des ardeurs embrasées, qu'il lui accordât la grâce de marcher dans la voie qu'il avait suivie. Elle renouvelait sans cesse sa prière. Il lui semblait que les jeûnes et les veilles, que le repos qu'elle prenait sur la terre nue, que les cilices dont elle entourait sa taille, que les orties qu'elle mettait dans ses draps avant de se coucher, que les plaies qu'elle creusait dans ses membres, ne lui fussent rien.

« Amour, amour, faites-moi souffrir ! » s'écriait-elle. « Je vous remercie, mon Amour, du bien que vous me faites, disait-elle encore lorsqu'elle était atteinte de vives douleurs ; donnez-moi tous les maux qu'il vous plaira... Je suis vôtre, faites de moi ce que vous voudrez[1] ! » Et afin de

[1] *Oraison funèbre.*

fixer dans son esprit le souvenir des résolutions qu'elle avait prises, elle fit ciseler une bague sur laquelle étaient gravés ces trois mots : « *Aimer, souffrir, mourir*[1] ! »

« Elle n'a jamais été atteinte de douleurs, écrit le P. Morin, je ne dis pas seulement extérieures mais intérieures, qu'elle n'en ait demandé à Dieu de plus grandes. Toutes les lettres où elle rendait compte de son âme à ses directeurs, toutes les feuilles sur lesquelles ses résolutions sont restées inscrites, ainsi que les résultats de ses oraisons, ne contiennent que des souhaits brûlants de souffrir pour son Dieu... Souhaits et désirs, ajoute le biographe, qui ne sont pas restés stériles... Dieu lui accordait en ceci, aussi bien qu'en toute autre chose ce qu'elle demandait. [2] »

« Il n'est qu'une de ses prières, reprend le P. Bertal [3], que le divin Maître n'exauça pas. Marie lui avait demandé de perdre la connaissance de l'amour qu'elle avait pour lui, afin de le servir avec plus de pureté et de désintéressement. Le Roi des martyrs lui laissa la consolation qu'elle

[1] Cette bague était, pour plusieurs raisons, la chose la plus précieuse qu'elle eût au monde, et toutefois pour s'imposer un sacrifice en s'en dépouillant, elle m'a demandé plusieurs fois de lui permettre de s'en défaire. — *Oraison funèbre*.

[2] *Oraison funèbre*.

[3] *Discours choisis*.

eût voulu sacrifier; mais les lumières qu'elle recevait avec tant d'abondance ne tardèrent pas à disparaître, et firent place à des ténèbres et à des désolations intérieures d'autant plus vives qu'elles lui avaient été inconnues jusque là. Marie en souffrit deux longs mois, sans que la paix et la grâce de son sourire en parussent un instant altérées.

La nature en cette pieuse femme était vaincue. On s'en aperçut surtout le jour où on lui apprit, sans aucune préparation, la mort de sa mère. Elle l'aimait avec une vive tendresse, et cependant ses yeux ne versèrent pas de larmes; de ses lèvres il ne s'échappa pas de plaintes. Le Seigneur la lui avait donnée, le Seigneur la lui enlevait; il était le maître : sa volonté devait être bénie [1] !

[1] La date de la mort de Mme de Valernod nous est inconnue.

Mme d'Herculais devait être déjà malade, à Grenoble, lorsque sa belle-mère mourut. Voici la lettre que son frère écrivit à M. d'Herculais :

« 8 décembre 1653, Saint-Vallier.

« Monsieur mon très cher frère,

« Vous me ferez bien, s'il vous plaît, la grâce de croire qu'ayant l'honneur d'être dans vos intérêts, comme j'y suis, les choses qui vous regardent me touchent sensiblement.

« C'est ce qui me fait vous offrir tout ce qui dépend de moi dans la perte que vous venez de faire de Mme de Tournet, à laquelle il me semble que vous deviez être préparé,

« Depuis sa conversion jusqu'à sa mort, écrit le P. Morin, ses parents, ses voisins, ses domestiques, tous déposent qu'ils ont admiré en elle la même douceur, la même patience, le même amour pour la vertu, la même horreur pour le vice, la même égalité d'esprit... » « J'avoue moi-même, ajoute son directeur, que durant plus de dix mois, en toutes les rencontres où elle s'est trouvée et où elle me découvrait les premiers mouvements de son âme, aussi clairement que l'on aperçoit les cailloux dans une très claire fontaine, je n'ai remarqué en elle ni désir, ni crainte, ni tristesse, ni joie, ni plainte, ni empressement, ni souci, qui vînt tant soi peu du dérèglement des passions.. Je l'ai vue, reprend-il encore, en des joies qui eussent semblé excessives à ceux qui ne la connaissaient pas, mais ces joies prenaient leur

il y a longtemps, puisqu'elle ne songeait plus qu'en l'autre monde; et je souhaiterais bien de tout mon cœur de finir aussi chrétiennement et aussi heureusement qu'elle a fait. Je me serais allé condoloir avec vous, sans l'embarras où je suis encore avec Coutonnay et le Prieur, pour l'affaire des Rioux, bien que nonobstant toutes leurs chicanes, je m'en sois mis en possession ; mais il reste maintenant à finir nos comptes, où ils me trouvent tous les jours de nouveaux incidents ; c'est ce qui fait que je vous supplie de me pardonner si je ne vous vas pas faire compagnie sitôt; ce sera d'abord que ces messieurs me donneront un peu de trêve que j'aurai l'honneur de vous assurer, de vive voix, que je suis de tout mon cœur et à toute épreuve, votre très... VALERNOD. »

(*Archives de l'Isère.*)

source dans le torrent qui inonde la cité Céleste... Je l'ai vue une seule fois triste, et cette tristesse provenait d'une offense qui avait été faite à son Dieu [1]. »

« Si elle eût suivi son inclination, elle eût été impérieuse. Elle avait des dispositions à la promptitude et à la colère. » Mais sous l'influence de la grâce divine, en livrant à son corps et à son cœur le combat qui ne devait finir qu'avec sa vie, elle était devenue d'une douceur et d'une charité merveilleuses envers ses égaux et ses inférieurs, d'une soumission parfaite à l'égard de ses supérieurs, et si unie à Dieu, si confiante en sa miséricorde, si préoccupée des intérêts de sa gloire, que les évènements, quels qu'ils fussent, ne pouvaient la distraire de lui.

Ses biographes en donnent diverses preuves :

Un soir du mois de novembre 1651, qu'elle retournait de Grenoble à Theys, les mulets qui portaient sa litière, mal dirigés par le cocher qui les conduisaient, la renversèrent dans un précipice.

En y roulant, elle ne se troubla pas : — « Qu'ai-je à m'inquiéter ? pensa-t-elle. Dieu est aussi bien au fond de cet abîme que sur la route la plus droite. Il est le souverain de la nuit et du jour. Il a autant de pouvoir pour me conserver dans les

[1] *Oraison funèbre.*

ténèbres que pour me conduire sous les rayons du soleil! »

La jeune fille qui l'accompagnait ne partageait pas sa quiétude, et poussait des cris déchirants. Mme d'Herculais lui demanda si elle était blessée. Elle ne l'était point. Que fit la pieuse maîtresse ? Elle se jeta à genoux et rendit grâces à Dieu.

Le précipice où toutes deux venaient de tomber était profond, éloigné de tout village, et le temps si froid, le ciel si sombre, qu'il n'était pas possible d'espérer des secours.

Mme d'Herculais laissa sa litière au fond de l'abîme, regagna la route avec peine, et marcha plusieurs heures sur un sol abrupte et humide, sans adresser un reproche au serviteur dont la maladresse avait compromis sa vie.

— « J'étais, » répondra-t-elle ensuite à ceux qui l'interrogeront sur l'état de son esprit dans ce moment critique, « j'étais très heureuse de souffrir ! Mon âme s'unissait intimement à Dieu, et Dieu la comblait de joie ! Tout de bon, » avouait-elle, après un instant de silence ou plutôt de prière, « c'est une grande récréation au cœur, que Dieu [1] ! »

[1] *Oraison funèbre.*

VIII

ORAISONS ET EXTASES

« J'ai des lettres de quelques-uns des directeurs de Mme d'Herculais, écrit le P. Morin, ils avouent que peu de temps après sa conversion, elle passait déjà tout ce qu'on lui pouvait enseigner; que tous les sujets de méditation qu'on lui donnait étaient au-dessous de son attrait, et qu'ils ne lui trouvaient plus de livres spirituels qui la pussent nourrir[1]. »

Comment cette femme avait-elle été entraînée si vite dans la voie où ont marché avant elle, les Mechtilde, les Gertrude et les Thérèse ?

Notre-Seigneur s'était fait son maître. Il l'avait attachée à son école et l'y retenait. Marie le contemplait, l'interrogeait, l'écoutait et vivait sous

[1] *Oraison funèbre.*

le charme de cette vision perpétuelle de son Dieu.

Etait-ce sous les traits d'un enfant qu'il lui apparaissait? Elle lui offrait aussitôt son cœur pour trône : « Je le vois alors, dira-t-elle, tantôt me bénissant, tantôt m'entretenant de ses miséricordes infinies; d'autres fois, ce Divin enfant est réduit au silence, il ne me regarde même pas, mais il veut que je demeure auprès de lui, me reposant entièrement en sa providence; d'autres fois encore, il a les bras ouverts et me témoigne, par des gestes, le désir qu'il éprouve que je reçoive les grâces qu'il m'apporte [1]. »

Notre-Seigneur se montrait-il à sa pieuse servante sous l'aspect du bon Pasteur? Marie l'apercevait alors, accablé de fatigue, altéré, lui demandant à boire. Qu'allait-elle offrir à son Seigneur pour étancher sa soif? Elle se serait inquiétée s'il ne lui eût fait entendre, avec une suavité délicieuse, qu'il se désaltérait de la prière des justes. « Eh quoi! mon Bien-Aimé, reprenait Marie, oserai-je bien vous présenter l'eau boueuse de mes oraisons, toute troublée de distractions, de négligences, de langueurs? » — Et Jésus lui répondait : « Je les purifierai, ma fille [2]! »

Avait-elle à contempler le divin Maître donnant

[1] *Recueil des grâces.*
[2] *Ibid.*

à ses apôtres son corps et son sang dans la dernière Cène, elle recevait aussitôt « une lumière si vive, touchant le mystère adorable de l'Eucharistie, une augmentation de foi tellement extraordinaire, qu'elle eût plutôt douté de sa présence dans le lieu où elle se trouvait, que de la présence de son Sauveur dans le tabernacle[1]. »

« C'est assez jouir, c'est assez jouir, » lui disait-elle, lorsque les délices enivrantes de l'amour divin envahissaient son cœur, « c'est assez jouir, ô mon Tout, faites moi participer aux angoisses que vous avez ressenties au jardin des Olives; que j'y subisse les délaissements et les amertumes que vous y avez subis vous-même[2]. »

Un jour, Notre-Seigneur parut céder à ce besoin qu'elle éprouvait de compatir à son agonie. Il se montra à elle, abîmé de tristesse et livré à toutes les tortures de cette dernière lutte contre la mort. Marie s'approcha vivement, pensant étancher la sueur de sang qui le couvrait; mais une crainte respectueuse arrêta sa main. Troublée, inquiète, n'osant pas, après avoir fait de vains efforts, satisfaire le désir qui l'animait : « Mon Dieu! s'écria-t-elle, si je ne mérite pas de sécher le sang précieux qui s'échappe de votre

[1] *Recueil des grâces.*
[2] *Id.*

corps sacré, agréez au moins que je fasse des purificatoires pour le sécher dans le calice où on l'offre en sacrifice à votre Père éternel! » Ce travail, elle l'écrit, modéra un peu ses ardeurs, mais ne les calma pas [1].

Dans son oraison, Mme d'Herculais suivait son Sauveur chez Caïphe, chez Pilate : « Quelquefois, écrit-elle, je l'aperçois des yeux de mon âme, tout couvert de plaies et de sang, me montrant ce qu'il souffre pour moi et me demandant une grande correspondance à sa divine volonté lorsqu'il lui plaira de me faire souffrir pour l'amour de lui ! »

« D'autres fois, dit-elle, je suis à ses pieds lorsqu'on le couronne d'épines ; je vois ses bourreaux qui le bafouent, le frappent et l'injurient, lui crachent au visage, lui arrachent la barbe. Je le loue alors de toutes les puissances de mon cœur, invitant les esprits célestes à faire de même et à le reconnaître pour leur Roi!

« Au Calvaire, je m'arrête devant la croix sur laquelle il est cloué, la serrant bien fort entre mes bras, et tenant ma bouche collée sur les plaies de ses pieds sacrés... Je lui dis alors : — Que demandez-vous donc de nous, ô mon Jésus, pour tous les biens que vous nous faites? Demandez-vous

[1] *Recueil des grâces.*

l'amour? Hélas! nous ne saurons vous aimer si vous ne nous donnez cet amour... Vous savez bien qu'il faut que tout vienne de vous[1]! »

C'était en vain parfois que Marie cherchait à considérer ses faiblesses; l'amour qu'elle portait à son Dieu l'élevait vers lui par des transports si vifs, que bientôt elle n'apercevait plus que lui. Il l'appelait alors, lui demandant son cœur et projetant sur elle les rayons d'une lumière si intense, qu'elle s'en trouvait comme enveloppée et pénétrée.

Elle se reconnaissait ensuite indigne des grâces spéciales qui lui étaient si miséricordieusement faites, et se prosternait, demandant à son Sauveur pourquoi il lui accordait de si grandes faveurs? — Notre-Seigneur lui répondit un jour : « Pendant tout le temps que je suis resté sur la terre, j'ai toujours été à la recherche des âmes. Il m'était doux, crois-le, d'être avec les pécheurs qui désiraient se convertir, d'attendre, assis sur le bord d'une fontaine, la pauvre Samaritaine, et, pendant plusieurs années, de converser avec les Égyptiens. Je désire infiniment le salut des hommes : ne t'étonne donc pas, pauvre âme, si je viens à toi, tout bouillant d'amour, pour te tirer

[1] *Recueil des grâces.*

de l'abîme des misères du monde et te faire vivre toujours en moi[1]! »

C'est ainsi que Notre-Seigneur formait sa servante, en se montrant à son âme dans toutes les phases de son existence terrestre; mais il ne se contentait pas de l'instruire par ses exemples, il la reprenait de ses fautes, l'encourageait dans ses peines, la consolait dans ses sacrifices, et l'appelait, sans qu'il lui coûtât aucun effort, à la contemplation de sa Divinité [2].

Elle se trouvait soudain comme enlevée à elle même par la contemplation de cette majesté, de cette beauté, de cette bonté infinies. Action, parole, raisonnement, elle abandonnait tout alors, et laissait les puissances de son âme se concentrer en Dieu, s'attacher à Dieu, se perdre en Dieu. Son unique besoin dans cet état était le silence, l'admiration muette, un doux repos. « J'éprouve, en l'oraison, des recueillements extraordinaires, » écrira-t-elle, répondant au désir de son directeur, « ils me font quasi perdre l'usage de mes sens... Il me semble ressentir la Divinité si proche, qu'il m'est impossible d'en douter; c'est toutefois sans

[1] *Recueil des grâces.*

[2] « Mme d'Herculais a passé par toutes les formes d'oraison, depuis la simple méditation jusqu'à la plus sublime contemplation. »
P. MORIN.

aucune image, ni figure qui me la représente; je suis si puissamment attirée à la contemplation de cette immense grandeur que j'en demeure toute hors de moi[1]! »

Elle écrit encore : « Mes recueillements sont parfois si grands, que je n'entends pas lorsqu'on me parle, et j'ai beaucoup de peine à répondre. Ce m'est une croix de me distraire lorsque je suis en cet état. La cause de ces recueillements est, ce me semble, que la Divinité est fort proche de moi. Je me sens tout enivrée de ses consolations[2]. »

« D'autres fois, reprend-elle, je suis en Dieu comme un atôme au milieu d'une nuée, moins encore s'il se peut[3]! »

Quelque étonnés que fussent les témoins de l'admirable vie de Mme d'Herculais, ce n'était pas son avidité des souffrances, son besoin d'humiliations et de mépris, son dévouement à toutes les âmes, quelles qu'elles fussent, sa soumission complète aux ordres de ses supérieurs, qui les surprenaient le plus : c'était cet état d'absorption dans lequel elle entrait, en société, à l'église, partout, et surtout pendant ses retraites.

Des heures entières s'écoulaient alors pour

[1] *Recueil des grâces.*
[2] *Id.*
[3] *Id.*

elle, à genoux, les mains jointes, les yeux fixes et élevés, sans mouvement, sans parole. « Il n'était pas nécessaire de l'entendre, écrit son biographe, pour savoir de quels sentiments de foi, de confiance, d'amour, elle était animée, en ces moments-là : il suffisait de la voir. Les étincelles de sa sainteté passaient au travers de son corps jusque dans les cœurs de ceux qui la regardaient [1]. »

On devait parfois l'appeler bien haut, la tirer fortement, la secouer longtemps, pour qu'elle revînt à elle-même.

Une fois arrachée à son ravissement, elle rentrait dans la vie, non pas triste, soucieuse, agitée; mais calme, forte, avec des trésors de paix, de joie, de céleste mansuétude, une intelligence sûre des desseins de Dieu, une habileté très rare à conseiller et à toucher les cœurs, des certitudes absolues au sujet des vérités les plus insondables, une confiance sans borne en la volonté divinè, une ferveur extrême, un zèle ardent. « Je n'ai vu âme si tiède et si vieillie dans sa langueur, écrit le P. Morin, que ses discours de feu n'aient renouvelée. Je n'ai pas rencontré d'esprit si avancé dans l'oraison et l'union avec Dieu, qu'elle n'ait conduit plus haut par ses salu-

1 *Oraison funèbre.*

taires conseils... Il y avait en toutes les paroles qu'elle prononçait, en toutes les lettres qu'elle écrivait, un charme invincible; impossible d'y résister. L'obstination la plus opiniâtre était contrainte de céder [1] !»

« Mais se faut-il étonner que Dieu ait accordé à Mme d'Herculais un tel ascendant sur les pécheurs et sur les justes, continue le P. Morin, son union avec lui était si étroite, si intime, si indissoluble, qu'en plus de dix ans, elle n'a peut-être pas passé un demi quart d'heure sans penser à lui... Elle allait, venait, recevait son monde, écoutait les demandes qui lui étaient adressées, y répondait, écrivait, travaillait, prenait ses repas, vaquait aux soins de son ménage, sans le perdre de vue un instant [2]. »

Le 14 août, veille de l'Assomption, elle traitait des intérêts spirituels d'une âme, lorsque soudain elle se trouva ravie en extase. Le plus beau des spectacles se présenta à ses regards : celui du triomphe de la Sainte Vierge. « Je vis tout-à-coup, ce me semble, écrit-elle, tous les esprits bienheureux descendre sur la terre, rendre leurs hommages à leur reine et maîtresse, et reprendre avec elle la route du ciel. Je vis la Mère de

1 *Oraison funèbre.*
2 *Id.*

mon Créateur au milieu d'eux, s'élever comme une fleur... Mon âme désirait extrêmement la saluer, mais ses souillures l'arrêtaient. Elle volait çà et là en peine, ne sachant où se reposer, n'osant pas se mêler parmi les esprits bienheureux, s'en reconnaissant indigne, lorsque soudain elle aperçut son doux Jésus aux pieds duquel elle se jeta avec tant de joie et de consolation qu'il ne se peut dire... Revenue à moi, ajoute Mme d'Herculais, je remarquai que la personne venue pour me voir et causer avec moi, était là encore et me parlait. Je tâchai alors de me distraire pour lui répondre. Ensuite, je me retirai avec mon Jésus, auquel je demeurai si unie que je ne savais où j'étais, étant presque toute hors de moi[1]. »

Qu'on remarque les expressions employées par Mme d'Herculais pour décrire cette vision : *Je vis tout-à-coup, ce me semble* : c'est que les apparitions dont Dieu favorise les âmes qu'il s'est choisies ne sont pas toujours extérieures, mais souvent intellectuelles. Les paroles qu'elles entendent alors sont intérieures et ne frappent pas l'oreille du corps. On pourrait les tenir pour une impression qui se produit dans l'âme. « Le fond des choses que Dieu communique est de lui seul, la manière de les exprimer est de la créature, et

1 *Recueil des grâces.*

cette manière est différente selon les caractères différents des personnes auxquelles elles ont été adressées. De là naît la diversité du style, la divergence des expressions, que nous remarquons dans les écrits laissés par les saints qui ont été prévenus de ces faveurs surnaturelles et spéciales[1]. »

Parfois, à la suite des grâces extraordinaires et si nombreuses que recevait Marie, elle se trouvait instantanément plongée dans une si grande sécheresse, un tel délaissement, de telles ténèbres, qu'elle ne pouvait élever vers son Sauveur un seul acte d'amour[2] : « Je me tiens alors à ses pieds, dit-elle, comme une pierre, sans m'inquiéter, trouvant même une certaine douceur à porter cette croix. » « Du reste, ajoute-t-elle ensuite,

[1] Le P. de Gallifet.

[2] Elle écrivait à la suite d'une de ses dernières retraites : « Je dois me laisser entre les bras de mon Dieu, me remettant et m'abandonnant toute à la conduite de son amour, particulièrement dans l'oraison ; me contentant de patienter dans ma misère, et de souffrir mon inutilité pour son amour, telle que sa divine Majesté voudra me faire sentir, me confiant purement et fortement à ses soins pleins d'amour et à sa bonté toute patiente, et tâchant de bannir toutes réflexions et attentions sur moi-même, pour retenir et conserver mon esprit libre de s'attacher à lui seul, autant que sa bonté me le permettra. Dans quelque obscurité et inutilité que je me trouve, je ne dois rechercher autre secours, que dans une profonde et assurée adoration de mon Dieu, et un total anéantissement de moimême en sa divine présence, ne recherchant point d'au-

mon bien-aimé Maître ne me laisse guère en cet état, car il connaît mon peu de courage et ma faiblesse [1]. »

Parfois encore ce sont des craintes excessives d'être le jouet des illusions de Satan qui la torturent : « O Dieu tout puissant, s'écrie-t-elle alors, ne permettez pas que je sois dans l'erreur... Illuminez-moi ! Illuminez celui qui me gouverne, afin qu'il me conduise selon votre divine volonté et pour votre honneur et gloire ! » Jésus ne tarde pas à calmer ses angoisses : « Je ne te veux pas perdre, lui dit-il un jour, j'ai donné ma vie pour toi ! [2] »

Les transports de Marie redoublaient lorsqu'elle recevait son Dieu dans la sainte communion [3] ou l'application de son sang sacré au tribunal de la pénitence.

« Le jour de la dédicace des églises de saint Pierre et de saint Paul, comme j'eus communié,

tres pensées, ni d'autre appui que celui qu'une mince et obscure opération de sa divine Majesté me pourra fournir; me contentant de rendre seulement à cette obscure opération une secrète adoration, dans tout l'amour et respect que sa Majesté veut de moi, et dans quelque abaissement que je sois, je me dois contenter de cette simple intention de vouloir contenter mon Dieu... »

[1] *Recueil des grâces.*

[2] *Recueil des grâces.*

[3] Un matin, au retour de la Table-Sainte, un cantique jaillit de ses lèvres. Il a été conservé. Note VIII.

écrit-elle, je ressentis mon Dieu présent dans mon cœur, avec une suavité très grande. La consolation dont je jouissais était telle qu'il me semble que j'en étais tout enivrée. Je lui dis alors avec beaucoup d'amour : — Que voulez-vous, mon Tout, quand vous vous unissez si étroitement à moi et que vous me faites jouir ainsi de vos faveurs? Mon Jésus me répondit, avec une douceur indicible: C'est ton cœur que je veux! »

« Qui comprendra, » ajoute quelques jours après la pieuse Marie, impuissante à exprimer sa reconnaissance et son bonheur, « qui comprendra l'amour de Jésus pour l'âme à laquelle il se communique ? Il la guérit de tous ses maux, il la console si elle est affligée, il la réjouit si elle est triste, il la fortifie si elle est faible, il l'encourage si elle est craintive ; d'une parole il lui enlève toutes ses peines, toutes ses difficultés, toutes ses répugnances, et la fait telle quelle, tout à lui ! »

« Un soir, écrit-elle encore, je me retirai du confessionnal toute ravie, pour entendre mon Dieu me dire : — « Viens, ma fille, viens à moi! »

— « Que faites-vous, ô Amour du ciel et de la terre, lui ai-je répondu, que faites-vous, auprès de cette âme indigne de vos caresses, ingrate de

[1] *Recueil des grâces.*

vos bienfaits, perfide traîtresse qui abuse de vos dons et qui vous sert avec tant de langueur, de négligence et de paresse ? » Et, comme si Mme d'Herculais eût vu le ciel ouvert, elle ajoute : « Mon doux Jésus, regardez ce que vous faites : vous mettez tous les esprits célestes en admiration ! »

« Continuez maintenant, Seigneur, reprend-elle après un moment de silence, continuez, mais ne m'accordez pas tant de biens. Le vase est trop fragile et trop petit pour garder la précieuse liqueur de vos grâces.

« O divin Amour, retirez-vous de moi, ou faites-moi digne de demeurer avec vous [1] ! »

[1] *Recueil des grâces.*

IX

LES ENNEMIS DE L'AMOUR DIVIN
LE SACRIFICE

Le protestantisme avait laissé en Dauphiné, ainsi que partout en France, de funestes tendances. Le jansénisme parut, et ces tendances vagues, indécises, qui flottaient en l'air comme des miasmes, se fixèrent soudain.

Les nouveaux hérétiques ne contestaient pas plus que les protestants à la seconde personne de la Sainte Trinité, la mission d'être descendue sur la terre pour racheter les hommes ; mais ils ne voulaient pas admettre que Notre-Seigneur Jésus-Christ fût mort pour tous. Ils enseignaient que ce souverain Seigneur était réellement présent dans la sainte Eucharistie ; toutefois, ils engageaient les fidèles à s'en éloigner le plus possible, sous prétexte d'indignité. D'après eux, le tribunal de la miséricorde et du pardon avait bien été réellement et divinement établi ; mais ils entouraient cette miséricorde et ce pardon de conditions si difficiles, que les remplir était moralement impossible. On ne les entendait point rejeter le pouvoir divinement institué du Pape ; ils usaient d'un moyen bien plus habile pour amoindrir son autorité et saper l'existence de l'Église : ils s'en passaient !

Urbain VIII condamna l'*Augustinus*, le 6 mars 1642 ; mais l'anathème pontifical ne devait pas suffire. Sept ans plus tard [1], Cornet, syndic de la Faculté de théologie de Paris, effrayé du progrès des nouvelles doctrines, demanda qu'elles fussent réduites en propositions et examinées. Il était loin de se douter de l'effervescence qu'allait provoquer cette étude.

Bientôt, tout ce que le royaume contenait d'hommes instruits et de femmes intelligentes eut pris fait et cause. A Grenoble, les Chevrières, les Lescot, les Simiane, les Lyonne, les Boffin, les Marnais,... attachés à la vérité, n'en désertèrent pas le drapeau ; mais, autour d'eux, que de partisans se firent les nouvelles doctrines! et, parmi les membres du Parlement et de la Cour des com-

[1] 1er juillet 1649.

ptes, ils ne tardèrent pas à devenir nombreux, ceux qui, sans renier le passé de leurs familles et tout en voulant rester fidèles à la vérité, se rapprochèrent des propositions hérétiques lancées par les novateurs. La conduite des catholiques à l'égard de l'Eucharistie, leur paraissait trop légère, trop irrévérencieuse pour ne pas prêter flanc aux blasphèmes des sectaires ; de là à admettre que mieux valait s'abstenir des sacrements, ou du moins en user avec plus de réserve, que d'exciter ces criminelles critiques, il n'y avait qu'un pas. Quelques années passèrent, et l'on vit les héritiers des Boffin, des Chevrières, des de Portes... s'occuper, sans s'en rendre compte, à aiguiser des armes, à creuser des fossés, à élever des remparts, contre le Chef de l'Église ; et des prêtres vénérables, élèves des Lyonne, des la Coste[1], des Peysieu[2], qui eussent été heureux de mourir pour leur foi, sous prétexte de réagir contre la mollesse des mœurs catholiques, désespérer les âmes par un rigorisme outré.

Le Seigneur n'avait pas placé Mme d'Herculais

[1] Louis de Simiane de la Coste, abbé de la Gran était prieur de Saint-Michel de Connexe, chanoine et vicaire général du diocèse de Grenoble.

[2] M. de Peysieu a été longtemps vicaire général. Saint François de Sales portait à l'abbé de la Gran et à M. de Peysieu de l'affection. Il en est question dans ses lettres. L'un et l'autre ont laissé une mémoire sainte et bénie.

au sein de cette société intelligente, il ne l'avait pas entourée dès le berceau de tout ce que le Dauphiné comptait au XVIIe siècle, d'hommes éclairés et instruits, sans un dessein spécial de sa miséricorde. Il voulait que cette humble femme, soutenue de sa force divine, le vengeât de la haine des sectaires et de l'indifférence des catholiques, en affirmant son amour pour sa créature et le premier des devoirs de sa créature envers lui.

Dans le but de la préparer à cette mission glorieuse, qu'elle ne devait achever que par l'holocauste de sa vie, le souverain Maître avait déposé dans son âme une foi très vive et un amour ardent pour la Sainte Eucharistie. Ses désirs de communier étaient insatiables. Pendant la nuit, elle était éveillée sans cesse par la pensée de recevoir son Dieu : « J'entends mon Sauveur, disait-elle ; il me crie : « *Ecce sponsus venit, eamus obviam !* » [1] A toutes les heures du jour, quelles que fussent les occupations auxquelles elle se livrât, elle se recueillait pour attirer son divin Maître dans son cœur.

Le confesseur qu'elle avait à Theys, attaché peut-être aux doctrines jansénistes, ou tout au moins préoccupé des phénomènes surnaturels

[1] Voici l'Époux qui vient, allons au devant de lui.

qu'il percevait en elle et ne s'expliquait pas encore, entravait-il cet élan vers le Dieu-Hostie, la pieuse Marie offrait au Roi des rois des communions spirituelles fréquentes afin de remplacer les communions sacramentelles qu'il ne lui était pas permis de faire : — « O amour de mon cœur, quand vous posséderai-je ? s'écriait-elle alors, ô âme de mon âme, quand serez-vous tout à moi ? Quand donc serai-je si parfaitement unie à vous que rien ne m'en puisse jamais séparer ? Venez, mon Dieu et que je ne vous quitte jamais ; que je vous presse tant sur mon cœur ingrat, que vous l'emportiez avec vous ; que votre cœur soit tout à moi, afin que n'ayant plus rien qui ne soit tout à vous et tout vôtre, je sois pour jamais possédée de vous ! »

Marie communiait-elle, le désir de posséder son Dieu et d'être possédée par lui croissait dans son âme : — « Pourquoi ne suis-je pas tout à vous, demandait-elle à son Sauveur ? Qui empêche cette union que je désire de mon âme avec vous ? Qui cause ce désordre dans mon intérieur que vous n'en soyez entièrement le maître ? A quoi, Bien-Aimé de mon cœur, tient-il que je ne sois une même chose avec vous ? »

« A toi ! à toi ! » lui répondit un jour le Seigneur.

« A moi, mon Tout, reprit-elle ? Il ne tient qu'à moi que je ne sois à vous ? C'est mon âme qui vous résiste? O âme ingrate ! Que fais-tu lorsque tu résistes à ton Dieu qui te chérit si extraordinairement ? A quoi penses-tu lorsque tu lui désobéis ? Où es-tu lorsque tu n'es pas en lui ? »

Et s'adressant à nouveau à son Sauveur : — « Mon Bien-Aimé, ajoutait-elle, qui donc arrêtera ma mémoire, emportée à toutes les impressions qui s'offrent, qui occupera mon entendement à la méditation de vos libéralités, qui dirigera ma volonté et la soumettra à la vôtre, qui embrasera mon cœur de votre amour, si ce n'est vous ? »

Notre-Seigneur se plaît à l'éclairer. Désire-t-elle savoir où elle doit aller pour mieux jouir de sa présence ? Le Dieu de l'Eucharistie répond : « A l'autel, ma fille ! »

Si elle s'inquiète de ses fautes et demande à Jésus qui la préparera à le recevoir : « Tu t'en rendras digne par la fréquentation ! » lui répond-il.

Marie s'endort-elle, pensant toute joyeuse à sa communion du lendemain? Elle aperçoit son divin Maître également heureux d'avoir à la visiter. Il s'approche, et lui dit avec un ineffable sourire : « Ma chair est véritablement une nourriture et mon sang est véritablement un breuvage. Celui qui mange ma chair et boit mon sang demeure en moi et je demeure en lui ! »

L'heure sonne-t-elle, Marie adore son Dieu et

le présente à son âme dans une communion spirituelle : « *Corpus Domini nostri Jesu Christi*, dit-elle, *custodiat animam meam in vitam æternam. Amen* ! » Le Sauveur répond avec amour : « *Aperi os tuum et implebo illud.* » [1]

D'autres fois, il la provoque lui-même à une communion mystique : Un jour qu'elle repassait dans sa mémoire avec des élans d'amour, fervents comme son cœur, les tendresses et les miséricordes de son Dieu, elle l'aperçoit tout-à-coup des yeux de son âme, très près d'elle, les bras étendus pour la recevoir : — « Viens, ma fille, viens ! » lui dit-il, avec des accents d'un incomparable amour, « viens, je serai ton roi ! »

« Je demeurai quelque temps, à la suite de cette parole, avec mon Jésus, écrira-t-elle, toute hors de moi, sans pouvoir prononcer un seul mot, ni savoir même à quoi je songeais... Mais ensuite, me jetant à ses pieds : — « Oui, mon Sauveur, lui ai-je dit, vous serez mien et je serai vôtre ; vous serez mon roi et je serai votre pauvre servante et votre esclave..., vôtre, à la condition qu'il vous plaira, pourvu que jamais rien ne me puisse séparer de vous qui êtes l'unique bien-aimé de mon âme ! »

[1] « Ouvre ta bouche et je la remplirai. » — *Recueil des Grâces.*

Si les doctrines jansénistes ne l'atteignaient pas, parfois cependant lorsqu'elle était près de recevoir son Dieu, la crainte d'être dans une voie mauvaise, montait vivement à sa pensée et la troublait : « Mon Dieu, défendez-moi des illusions du malin esprit, s'écriait-elle; ô mon doux Jésus, faites, je vous en supplie, que je ne sois pas trompée. Conduisez-moi par le grand chemin. Eclairez mon directeur. Donnez-lui une vraie connaissance de mon âme, afin qu'il me dirige selon vos desseins ! »

Un jour, ses appréhensions étant plus vives que de coutume, Notre-Seigneur lui répondit : « Ne crains point, ma fille ! »

« Hélas ! mon Sauveur, reprit-elle, que j'ai grand sujet de m'inquiéter cependant, me voyant unie à vous avec tant de dissemblance! Vous êtes mon Dieu et je suis un pauvre ver de terre, vous êtes parfait et moi imparfaite, vous êtes miséricordieux et moi pécheresse, vous êtes infiniment libéral de vos grâces et moi si ingrate envers vous ! »

Les Jésuites auxquels la pieuse Marie s'adressait, quand elle descendait de son château de Theys et se fixait à Grenoble [1], n'étaient

[1] Au début de sa conversion, après avoir entendu à la Cathédrale ce discours du R. P. Fichet qui avait provoqué ses larmes, et fait naître en elle de si grands remords de

point hésitants et troublés en face de la voie qu'elle suivait. Ils l'y dirigeaient en la soutenant.

Dans le grand combat que le Jansénisme commençait à livrer à l'Église, les PP. de Billy, Benoît, Fichet, Morin, recteur et professeurs du collège de Grenoble, comme leurs confrères de toutes les principales villes de France, avaient déjà pris position. Elle se dessinait franchement en regard du rigorisme altier de la partie adverse, car, sans affaiblir le respect que l'homme doit à la majesté de Dieu, ils savaient exalter sa bonté, sa tendresse pour les pécheurs, son amour infini!

Après avoir conféré avec eux de la conduite de Dieu sur son âme, conduite si opposée aux doctrines jansénistes, les prières les plus arden-

ses fautes, c'était au R. P. Benoît que Mme d'Herculais s'était adressée et avait fait une confession générale. Plus tard, lorsque le combat s'ouvrit dans son cœur entre Dieu et le monde, elle eut recours encore à un jésuite : « Ce fut par le moyen d'un Père de la Compagnie de Jésus que vous m'appelâtes, ô mon Sauveur, écrit-elle, et que vous me donnâtes le désir de vous servir. » Pendant les dix derniers mois de sa vie ce fut au P. Morin que Dieu confia sa direction.

« Mon Dieu, mon Tout, disait-elle à Notre-Seigneur, en apprenant le départ de l'un d'entre eux, laissez-moi le père que vous avez donné à mon âme, afin qu'il m'apprenne à me donner entièrement à vous. »

Recueil des grâces.

tes s'élevaient du cœur de Mme d'Herculais pour la conversion des nouveaux hérétiques.

Elle écrivait, le 26 janvier 1652, alors que les propositions réunies par le docteur Cornet, et présentées par quatre-vingt-huit évêques français, étaient portées à Rome :

« O mon Dieu! mon Sauveur! divine lumière de mon âme! éclairez toutes celles qui sont enveloppées dans les ténèbres de l'erreur, et ne souffrez pas qu'elles deviennent la proie des démons, après vous avoir coûté tant de sang.

« Détournez, détournez, mon Seigneur, tous les maux qui menacent l'Église ; détruisez ses ennemis; anéantissez tout ce qui s'oppose à votre gloire et à la pureté de votre foi.

« Convertissez, Seigneur, tous ces infidèles, et faites mourir en leur naissance ces malheureuses opinions, qui règnent dans les cœurs de plusieurs de ceux qui ont l'honneur de porter l'habit de vos saints et se disent vos enfants et vos imitateurs.

« Ah! mon Sauveur, ne permettez pas que, sous des apparences trompeuses, ils séduisent ceux qui effectivement veulent être à vous, et qui, par leur ignorance et leur faiblesse, se sont égarés de la droiture de vos sentiers.

« Ramenez-les, mon Seigneur, et ne les privez

pas des fruits de votre passion, pour s'être privés de ses effets.

« Souvenez-vous de vos anciennes miséricordes, envers vos enfants égarés... Le cœur de l'homme est enclin au mal, par le défaut de sa nature : vous seul pouvez le relever.

« Mon Dieu! je vous offre tout mon être. Je vous supplie de faire tomber sur moi les effets de votre colère, à la réserve de la privation de votre grâce, et d'en retirer les justes vengeances de dessus ces pauvres âmes abîmées dans les ténèbres de l'erreur.

« Eclairez-les, éclairez-les, mon Seigneur, et déversez, ô mon Dieu, toute la malignité de leurs coulpes, excepté la privation de votre amour, dans mon cœür.

« Que ce cœur souffre et qu'il soit détruit pour votre gloire ; ne l'épargnez pas, mon Dieu, mon Tout ! Vous savez bien qu'il est tout à vous, et qu'il ne désire que de souffrir pour votre amour et pour les âmes qui sont le prix du sang de votre Fils !...

« ... O mon Dieu, qui vous êtes donné si libéralement pour la Rédemption des hommes, ajoute Mme d'Herculais, donnez-vous de nouveau pour la conversion des rebelles.

« Ayez compassion de VOS FRÈRES qui languissent sous l'esclavage de vos ennemis.

« Oui, mon Tout, j'ose vous le dire, ces misérables sont VOS FRÈRES, puisque par l'union hypostatique que j'avoue et confesse être cachée dans l'hostie que je viens de recevoir, vous êtes homme, mon Sauveur, aussi véritablement que vous êtes Dieu...

« Mais, il semble que c'était peu pour vous, ô mon souverain Maître, reprend-elle, que de nous donner, en votre personne, un Homme-Dieu pour NOTRE FRÈRE. Cette union est trop générale ; vous voulez la rendre plus intime, plus particulière à chacun de nous ; fermant alors les yeux sur nos ingratitudes, vous vous obligez, mon Sauveur, à demeurer constamment dans le Saint-Sacrement, afin de nous nourrir et de nous fortifier, par la manducation de votre adorable personne.

« O invention admirable de votre amour !

« O mon Tout, quand serez-vous donc aimé et reconnu pour ce que vous êtes ? »

Puis, s'adressant aux Jansénistes, Mme d'Herculais écrit : « Hommes ingrats, plus criminels en quelque sorte que les démons, vous pouvez recevoir la vie et vous ne voulez que la mort. Dieu vous ouvre ses trésors ; il vous met en possession de sa gloire, en vous donnant son Fils unique, et vous le refusez. Vous préférez vous nourrir des exhalaisons de l'enfer, que de vous nourrir du PAIN VIF qui est descendu du ciel! »

Elle revient ensuite à son Sauveur: « O Amour! Amour! lui dit-elle, qu'en expiation de tous les mépris qu'on a faits de votre adorable personne, tous les cœurs soient consumés avec le mien et sacrifiés à votre gloire.

« Mon Dieu, je vous demande cette grâce, par tout ce qui vous est le plus cher, par votre Fils!

« Donnez-moi par lui, donnez-moi pour lui, la conversion des pécheurs qui empêchent la diffusion de votre gloire ici-bas[1]! »

Les prières les plus ardentes ne devaient pas suffire à la fervente Marie. Le 31 mai 1653, après avoir supplié son Sauveur DE FAIRE CESSER LE FLÉAU QUI RAVAGEAIT DÉJA LA FRANCE ET MENAÇAIT L'ÉGLISE, elle offrait l'holocauste de sa vie pour obtenir cette immense faveur.

Ce jour-là même, Innocent X condamnait à Rome, comme hérétiques, les propositions jansénistes qui lui avaient été soumises.

Nous ne tarderons pas à voir le souverain Maître accepter le sacrifice de sa fidèle servante.

[1] *Résolutions et affections de feue Mme d'Herculais en divers temps.*

X

LES RÉVÉLATIONS DU SACRÉ-CŒUR A MADAME D'HERCULAIS

« O Époux de mon âme, » s'écrie Mme d'Herculais, à la suite d'une communion où elle a goûté les plus ineffables délices, « Époux de mon âme, je ne vous quitterai pas que vous n'ayez pris ce cœur que je vous offre, et ne m'ayez donné le vôtre! Oui, mon Jésus, je vous presserai et importunerai jusqu'à ce que vous m'ayez donné votre cœur. Donnez-le moi, ô mon Roi, votre cœur sacré, la source adorable du véritable amour [1]! »

Jésus va exaucer la prière de sa pieuse servante; les souffrances physiques auxquelles elle est sujette, les tortures morales qu'elle a subies, les sacrifices qu'elle sait offrir, les joies célestes dont à certains moments son âme est inondée,

[1] *Recueil des grâces.*

l'ont préparée à recevoir les révélations du Cœur divin, *source adorable du véritable amour.*

Mais, avant elle, que d'âmes ont été favorisées de cette vision admirable! Sans remonter au disciple bien-aimé qui repose sa tête sur la poitrine sacrée du Sauveur, c'est S. Ambroise qui chante « la plaie divine par laquelle toutes les grâces ont coulé sur le monde; » c'est S. Bernard, s'élevant, par la « blessure visible, à l'invisible blessure de de l'amour; » c'est S. Bonaventure, désirant être la lance qui a percé le Cœur sacré, non pas seulement pour y pénétrer, mais pour y demeurer à jamais; c'est Ste Mechtilde, accablée d'une violente douleur de tête, à laquelle Jésus montre la plaie de son cœur, l'invitant à y entrer et à y prendre son repos; c'est Ste Lutgarde: Jésus lui apparaît tandis qu'elle s'entretient avec son fiancé, et ouvrant sa poitrine, il lui montre son cœur et lui dit: Laisse-là les attraits de l'amour humain, ma fille, et tu trouveras en mon cœur d'ineffables délices; c'est Ste Catherine de Sienne, Ste Madeleine de Pazzi, Ste Marguerite de Cortonne, Ste Angèle de Foligno, Ste Rose de Lima, toutes ces grandes contemplatives que le cœur sacré du Sauveur à ravies.

Une chose étonne, c'est leur silence! Embrasées d'amour pour ce cœur divin, elles n'en révèlent la beauté et les tendresses à personne. A peine quelques élans de leur reconnaissance, quelques cris de leurs joies, s'échappent-ils de leurs lèvres, au lendemain des plus sublimes communications. Favorisés de grâces pareilles, les Dominique, les François d'Assise, les Suzo, les Denys, les Ludolphe, les Lansperge... font tressaillir le cloître de leurs transports, mais ils n'appellent point les peuples à honorer le cœur adorable de Jésus.

On ne s'expliquerait pas cet accord, si Ste Gertrude n'en avait donné la mystérieuse raison. Un jour qu'elle demandait à S. Jean, pourquoi, lui qui avait eu le bonheur de reposer sa tête sur la poitrine sacrée du Sauveur, s'était tû le premier, et n'avait rien appris aux fidèles des secrets de ce cœur adorable, il lui fut répondu que Dieu s'était réservé de les faire connaître plus tard, en des temps de grands refroidissements, et qu'il gardait ces merveilles pour ranimer la flamme de la charité à un moment où elle serait toute refroidie et comme éteinte [1].

Telle est l'explication de ce silence. Jamais le cœur de Jésus n'a cessé d'être contemplé, adoré, aimé ; jamais cependant encore le culte de ce cœur n'a été prêché aux foules [2]. Il se transmet d'une

[1] *Révélations de Ste Gertrude*, livre III, ch. XVII.
[2] Mgr Bougaud.

solitude à une solitude, d'une âme à une âme. Plus l'âme qui est appelée à le rendre est délicate et ardente, plus il est suave et intime. Il faut que *l'époque des grands refroidissements*, annoncée à Ste Gertrude, s'approche, pour que ce culte se précise et s'affirme au dehors. S'il est resté jusque-là, en Dauphiné, sous les ombres du cloître [1], déjà il s'offre à la piété d'une femme du monde.

Mme d'Herculais en reçoit la révélation vingt ans avant la Bienheureuse Marguerite-Marie. Ni le P. Morin, ni le P. Bertal, ni Chorier, ni Guy-Allard, ni Salvaing, ni Boissat, ne font mention dans leurs écrits de cette faveur immense accordée à la noble Dauphinoise, dont ils célèbrent tour à tour les vertus. La mission d'enseigner au monde ce culte sacré n'a pas encore été donnée; mais le Seigneur, en révélant son cœur à la fille des Lyonne et des Valernod, semble vouloir préluder au dessein qu'il a conçu et qu'il ne tardera pas à exécuter.

Si les annalistes et les poëtes Dauphinois se taisent au sujet des mystérieux bonheurs de Mme d'Herculais; nous avons pour témoin des grâ-

[1] La mère de Bressand, supérieure de la Visitation de Sainte-Marie-d'en-Haut, avait eu la révélation du cœur sacré de Jésus. Elle a laissé le récit de cette faveur en un manuscrit qui appartient à la Visitation de Voiron.

ces qui lui ont été accordées la pieuse servante de Dieu elle-même. Obligée par ses supérieurs de les écrire [1], elle le fait avec une si profonde humilité et une sincérité si vraie qu'il est impossible d'émettre un doute sur leur réalité.

Le Recueil des grâces est sous nos yeux; qu'il nous soit permis d'en extraire quelques pages [2].

« Un jour, faisant mon oraison, écrit-elle, comme je priais le plus attentivement qu'il m'était possible, tout-à-coup je vis mon Sauveur, venant à moi, les bras étendus, prêt à m'accorder de grandes faveurs. Son côté était ouvert; il en sortait une grande abondance de sang. Il me dit avec un doux sourire : — Que veux-tu, ma fille ? Alors, toute hors de moi, je lui répondis : — Je ne veux que vous, mon époux, mon salut et mon bien. Qu'ai-je à désirer si je vous possède, vous qui êtes le comble de toutes les félicités ! »

[1] « Oui, mon Tout, j'écrirai les paroles que vous m'avez dites, puisque vous le voulez, et qu'en écrivant, j'obéis à ceux que vous avez mis à votre place pour le gouvernement de mon âme. »

Marie ajoute encore à quelque temps de là : « J'écris par obéissance, comme vous le savez, ô mon doux Jésus, illuminez-moi afin que je travaille pour votre gloire. Déliez ma langue, Esprit divin, afin que, parlant de vos merveilles, elle fasse se consumer d'amour tous ceux qui l'écouteront. » — *Recueil des grâces.*

[2] Mme d'Herculais rapporte les révélations que Notre-Seigneur lui fit de son cœur sacré, sans mentionner au-

A quelque temps de là, Notre-Seigneur lui apparaît encore, et lui montre ses plaies sacrées : « Elles sont tellement resplendissantes, écrit la pieuse Marie, que les yeux de mon âme ne peuvent pas supporter leur admirable lumière! » Mais, en même temps que Jésus les lui montre, « il lui fait entendre qu'elles sont l'abrégé de ses grâces; que la plaie sacrée de son cœur est l'abîme de l'amour, de l'amour véritable, duquel il désire que les âmes qui le cherchent et veulent le trouver, l'aiment et brûlent incessamment. »

Jusque-là, Marie n'a vu que la plaie ouverte, d'où sort une grande abondance de sang; elle l'a vue toute resplendissante d'une admirable lumière dont ses yeux ont été éblouis ; elle n'a pas encore aperçu le cœur sacré, *l'abîme de l'amour*. Il semble que Notre-Seigneur attende pour le lui révéler que les doctrines Jansénistes aient fait invasion dans les montagnes du Dauphiné, et que sa fidèle servante, si jalouse des droits sacrés de son amour, ait eu à souffrir pour les défendre.

« Un jour, écrit-elle, après m'être confessée, mon directeur me défendit de communier de six mois. Je ressentis fort cette défense. Il me semblait impossible de m'abstenir de la Sainte Com-

cune date. Nous nous contentons de les transcrire dans l'ordre où elle les place.

munion si longtemps, vu l'immense désir que j'en avais. Mon âme eût plutôt choisi la mort, si c'eût été la volonté de mon Dieu, que d'être privée si longtemps de le recevoir.

« Tandis que je priais ainsi, ajoute-t-elle, mon Sauveur me montra son côté ouvert, et j'aperçus des yeux de mon âme, son cœur tout brûlant d'amour. Cette vue adoucit l'extrême désolation où je me trouvais plongée.

« Je m'adressai à ce cœur si aimant : — Sera-ce dans ce sacré réduit, ô mon Jésus, lui dis-je, que j'entrerai pour recevoir du soulagement à mon mal ? Oserai-je bien prendre la hardiesse de pénétrer dans ce *Sancta sanctorum*, où vous ne recevez que les âmes pures et parfaites ?

« Mon Sauveur prit pitié de moi et me répondit : — Tu seras reçue !

« Aussitôt mon âme fut inondée d'une paix que j'aurais beaucoup de peine à exprimer, et je me trouvai si parfaitement résignée à la volonté de mon Dieu, que je m'écriai avec des élans du plus vif amour : Non pas six mois, ô mon Rédempteur, mais dix ans, voire toute ma vie, je m'abstiendrai de communier, si c'est votre sainte et divine volonté. Je ne demande autre chose que l'accomplissement d'ycelle en tout et partout[1] ! »

[1] *Recueil des grâces.*

L'on conçoit le recueillement de l'humble Marie au lendemain de ces révélations mystérieuses, les extases dans lesquelles elle entre et dont on ne l'arrache qu'avec effort, les ravissements qu'elle est incapable d'exprimer.

« J'avais un jour le plus grand désir de communier, écrit-elle encore, et n'ayant pu en obtenir la permission, j'allai à mon Jésus : — Voyez, mon Tout, lui dis-je, ce que mon âme souffre sans vous ; elle vous cherche, elle languit, elle se meurt !.. Si elle ressent une consolation au sein de ses angoisses, c'est de penser que vous ne vous abaissez pas jusqu'à descendre en elle, si indigne de s'approcher de vous : que votre nom soit donc béni à jamais de ce que vous l'avez ainsi ordonné ; que votre sainte et divine volonté soit faite et non la mienne ! »

A peine Marie avait-elle ainsi acquiescé à la volonté divine, qu'elle se trouva plongée dans un recueillement extraordinaire : « Je vis alors mon Jésus, dit-elle, je le vis des yeux de mon âme. Il me montra sa poitrine toute brûlante des flammes de son saint amour. Mon âme lui dit ce qu'elle souffrait absente de lui, et lui demanda la permission de reposer sur sa poitrine sacrée. »

Il lui répondit : « — Viens, ma fille, en toute confiance ! »

Elle se pencha alors doucement sur la poitrine

de son Seigneur, et y demeura comme endormie d'un sommeil qui ne se peut expliquer [1] !

Lorsque Marie revint à elle, ce fut avec des désirs de communier plus ardents qu'elle ne les ressentait avant son extase, mais on les eût dit en même temps satisfaits, car cette fois encore, ils étaient unis à une entière soumission à la volonté de Dieu, à une paix et à une joie intérieure inexprimables.

Sur le cœur de son Sauveur l'âme de Marie ne pouvait que grandir en humilité, en reconnaissance, en amour.

Un matin qu'elle méditait sur l'Évangile des dix mille talents, et considérait les biens sans nombre qu'elle avait reçus de son Seigneur, elle s'adressa à lui avec un sentiment profond de sa pauvreté et de sa bassesse, et lui dit :

« —Où trouverai-je, Roi de gloire et cher ami de mon âme, de quoi satisfaire pour tant de grâces que j'ai reçues de votre libéralité infinie ? »

Soudain, le divin Maître se présenta à elle, le côté gauche ouvert.

« — Où trouverai-je, reprit Marie, de quoi satisfaire pour toutes les grâces que j'ai reçues de vous ? »

Le Sauveur porta alors la main à son côté et

[1] *Recueil des grâces.*

lui dit, *en lui montrant le sang qui bouillonnait avec des ardeurs de feu*, dans la plaie béante : « — C'est là, ma fille ! »

« Ah ! cher Amour, s'écria-t-elle, que je vous dois, mais que vous me donnez bien pour satisfaire à toutes mes dettes ! Pourvu que je n'en abuse pas... SACRÉ CŒUR, » ajouta-t-elle, en s'abîmant dans son néant, « combien de fois n'ai-je pas abusé de vos inestimables trésors[1] ! »

Ainsi, Notre-Seigneur devançait en faveur de sa servante, le moment qu'il avait choisi pour établir à Grenoble et en Dauphiné le culte de son sacré cœur. Il lui montrait le principe de cette dévotion dans les ardeurs de son amour ; il lui en indiquait le caractère spécial, en lui apprenant qu'elle serait une expiation pour tous les crimes du monde et une consolation pour son cœur délaissé.

« O Esprit d'amour ! disait-elle alors, enfermez-moi tout entière dans le CŒUR de mon adorable Jésus. Faites, Amour divin, que je ne sois plus trouvée en moi-même, mais que toute dans ce CŒUR SACRÉ de mon Sauveur, je me nourrisse de sa pure vie et me repose en la contemplation de sa divinité ! Faites encore, qu'en même temps

[1] *Recueil des grâces.*

que je me reposerai et me nourrirai, je communique au prochain sa charmante douceur, par sa propre vertu, unissant tous les cœurs à ce CŒUR SACRÉ, et leur apprenant à le glorifier dans une intime adhérence à son bon plaisir ! »

Ne croirait-on pas entendre la Bienheureuse Marguerite-Marie ! Ce sont les mêmes élans, la même dévotion, le même besoin de faire connaître, honorer, aimer le cœur adorable de Jésus. Les révélations que l'une et l'autre reçoivent au sujet de ce cœur sacré ont des analogies frappantes.

XI

LE DERNIER MOT DE L'AMOUR

Notre-Seigneur avait révélé son cœur à la pieuse Marie, il allait accepter le sacrifice qu'elle lui avait fait de sa vie le 31 mai 1653.

Un soir qu'elle goûtait de grandes consolations dans sa prière, un léger sommeil s'empara d'elle; c'est elle-même qui l'écrit [1]. Pendant qu'elle dormait, le divin Maître s'approcha, et lui fit entendre qu'il désirait posséder réellement le cœur qu'elle lui avait tant de fois offert; mais qu'il ne pouvait le lui enlever sans qu'elle en éprouvât de rudes souffrances.

Marie, toute transportée de joie, s'écria : « —N'importe, mon Jésus, que je souffre, pourvu

[1] *Recueil des grâces.*

que vous preniez mon cœur, que vous le possédiez et qu'il soit votre à jamais ! »

Elle achevait de parler, lorsqu'il lui sembla voir le Seigneur prendre, de sa main divine, le cœur qu'elle lui donnait avec tant d'amour.

Une vive douleur au côté, qu'elle n'eût pas échangée, dit-elle, contre toutes les délices et les consolations du monde, la saisit à l'instant et l'éveilla...

Cette douleur dura toute la nuit et toute la journée du lendemain. Après en avoir joui, comme elle jouissait des souffrances que lui imposait Notre-Seigneur, elle fut tout-à-coup saisie d'une inquiétude poignante. Le cri de ses angoisses échappe à sa plume : « Si vous ne me secourez, ô mon divin Maître, écrit-elle, et si votre miséricorde n'intervient, adoucissant un peu le courroux de votre justice, que fera ma pauvre âme assiégée par tant d'ennemis et de tristesses ? » Mais le Sauveur qui lui avait révélé sans doute les projets de l'enfer, la soutenait : — « Je serai avec toi, ma fille ! » lui répondit-il. Tout aussitôt rassurée, Marie s'écria : — « Que l'enfer se bande contre moi ; que les mauvais esprits déploient leur malice ; que le monde use de tous ses efforts... Je ne crains rien, Jésus est avec moi ! [1] »

[1] *Recueil des grâces*.

La douleur de cœur dont elle venait d'être atteinte [1], ne devait pas tarder à reparaître, jointe à des accès d'une fièvre intense; mais plus elle souffrait, plus les consolations qui lui étaient accordées devenaient vives et délicieuses !

« Le jour de la fête de l'Épiphanie, j'avais des désirs si ardents de communier qu'il ne se peut dire, écrit-elle. Il me semblait que ce cœur, qui est tout à mon Jésus, se dilatait et s'enflait, tant j'endurais de grandes douleurs; mais je jouissais en même temps d'une paix et d'une consolation indicibles. Je suis allée à la Sainte Table embrasée d'amour, pour recevoir celui qui est la joie de mon âme, et l'ayant reçu, il m'a accordé tant de faveurs que j'en étais hors de moi ! [2] »

A l'heure de l'épreuve, quand elle se trouvait plongée soudain dans des ténèbres si épaisses qu'elle ne savait plus ni où elle était, ni ce qu'elle faisait, les souffrances physiques dont elle était atteinte, lui restaient comme une consolation suprême : — « Mon Dieu paraît m'avoir dépouillée de toutes ses grâces, mande-t-elle à son directeur, hors la douleur de cœur. Je l'ai prié de me la

[1] Peut-être même en avait-elle souffert plus tôt. Dès le commencement de sa conversion, il en est question dans le *Recueil des grâces ;* mais l'ordre des temps n'est pas constamment gardé dans ce récit.

[2] *Recueil des grâces.*

laisser afin de souffrir davantage avec lui ! [1] »

« O douleur qui m'unissez à l'Époux de mon âme, s'écriait-elle, que vous m'êtes précieuse ! O souffrance, je vous chéris plus que ma vie, puisque vous me faites en quelque sorte semblable à l'auteur de la vie ! »

La pensée de la mort arrivait à son esprit, mais ne l'effrayait pas. Un jour cependant qu'elle était aux pieds de son Seigneur, considérant ses fins dernières, elle aperçut avec une grande terreur, d'une part les péchés qu'elle avait commis, et de l'autre, le démon se préparant à lui tendre des pièges pour l'entraîner dans le désespoir. Mais elle avait communié le matin : « J'eus recours à mon Sauveur, écrit-elle; je lui demandai ce que je devrais faire au moment de la mort pour repousser l'ennemi et ne rien craindre, et je fus aussitôt rassurée. *Non timebo quoniam tu mecum es. Circumdederunt me dolores mortis et nomen Domini invocavi* [2]. »

Au feu de la souffrance et des mortifications,

[1] « Cette douleur de cœur ne me quitte point sinon lorsque je me distrais volontairement, en me promenant ou m'occupant aux affaires du ménage. La lecture me l'augmente... »

— *Recueil des grâces.*

[2] « Je ne craindrai pas parce que vous êtes avec moi. Les douleurs de la mort m'ont environnée, mais j'ai invoqué le nom du Seigneur... » — *Recueil des grâces.*

tout ce qu'il pouvait y avoir eu en Mme d'Herculais d'imparfait et d'humain, s'était peu à peu consumé. Il ne restait rien en elle que de céleste. « Elle vivait dans le monde, écrit le P. Morin, mais elle était si absolument morte aux choses du monde, qu'entre elle et lui, c'était un chaos. Rien du monde n'allait à son cœur; rien de son cœur n'allait au monde. Tout commerce avait cessé. Elle était devenue semblable à un arbre qui élèverait ses branches vers le ciel et n'aurait plus dans la terre aucune racine[1]. » Impossible de ne pas conclure que le sacrifice touchait à sa fin.

Si en elle, la vertu arrivait au degré de consommation voulue par le Seigneur, autour d'elle, les critiques provoquées naguère par ses œuvres pieuses et ses pénitences, avaient fait place à un enthousiasme profond. Les témoins journaliers de sa vie, les serviteurs de sa maison, tous l'exaltaient. Pour eux, elle était une sainte et leur sainte. A l'hôpital, lorsqu'elle faisait la visite des salles, les malades se la montraient avec bonheur : Voilà la Sainte! se disaient-ils. Les religieux et les prêtres éminents, de passage à Grenoble, cherchaient à l'entretenir quelques

[1] *Oraison funèbre.*

instants [1] et ne la quittaient point, sans lui recommander leurs travaux et leurs âmes, comme à une puissante auxiliaire auprès de Dieu. Allait-elle frapper à la porte d'un de ces monastère dont nous avons parlé déjà, et où elle comptait tant d'amies, supérieures et novices se réunissaient autour d'elle, lui demandant avec instance des conseils et des prières. La suppliait-on de s'asseoir à la table commune, elle s'agenouillait auparavant aux pieds de chaque religieuse et les baisait, avec les sentiments de l'humilité la plus profonde, joignant ainsi l'exemple aux paroles [2].

[1] « Madame ma très chère sœur, lui écrivait son frère, le 17 août 1653, je vous avoue que je serai toujours dans des peines extrêmes, jusqu'à ce que je vous sache dans la santé que je vous souhaite. J'ai été ravi d'apprendre de vos nouvelles par la bouche du Père Jacques Philippe, qui est fort consolé de vous avoir vue à Grenoble, et son Révérend Père Gardien lui porte grande envie de cet honneur.

« Je souhaite que l'affaire qui est sur le tapis leur procure celui de vous voir en ces quartiers. Vous m'obligerez beaucoup de m'envoyer s'il n'y a rien d'avancé et si je puis vous rendre quelque service soit ici soit ailleurs, comme aussi de croire que je n'ai point de plus grande passion que de faire connaître à ma chère sœur que je suis inviolablement... (VALERNOD.)

— *Archives de l'Isère.*

[2] « En juin 1653, au sortir d'une assemblée de la communauté, elle s'en alla au réfectoire pour dîner où elle baisa les pieds à nos sœurs avec une ferveur extraordinaire. On remarqua qu'elle mettait le visage tout à fait sous les pieds, comme si elle eût voulu qu'on l'eût écrasée.

Les amis du siècle ne le cédaient en rien aux amis du cloître. Tous accouraient à elle, heureux de recevoir ses avis pour la direction de leurs familles et de leurs consciences.

Nous avons nommé Mme de Granieu; nommons encore Mme de Veyssillieux qui, tandis que son mari se faisait l'humble serviteur des malades de l'hôpital, devenait à l'instigation de Mme d'Herculais, la directrice des jeunes filles de la Propagation; la comtesse de Revel, si heureuse après avoir adoré son Dieu dans la Sainte Eucharistie, de suivre la pieuse Marie chez les pauvres; Gaspard de Boffin [1], dont l'amour pour Notre-Seigneur se révélait par des prodiges: on comparait ses saintes ardeurs à celles de Mme d'Hercu-

« Bientôt après dîner, elle prit congé de nous et se jetant aux pieds de notre Révérende Mère, elle reçut sa bénédiction et sortit promptement, pour ce que Mgr de Grenoble lui avait fait dire de se trouver à une heure à l'Évêché.

« Toute notre communauté fut fort touchée des rares vertus qu'elle lui avait vu pratiquer, et nos sœurs disaient qu'un grand trésor était sorti de cette maison, que véritablement son âme était pleine de Dieu et qu'elle était dans une consommation si parfaite, qu'elles appréhendaient que ce ne fût la dernière fois, jugeant bien qu'elle n'avait plus guère à vivre, comme en effet il est arrivé. »

Remarques faites sur la vie de Mme d'Herculais. Manuscrit appartenant à la Visitation de Romans.

[1] Gaspard de Boffin, fils de Thomas IV, baron d'Uriage et d'Ennemonde de Bouvier, fut prieur de Croisy, Corps et Ambel. En célébrant la Sainte Messe, il était souvent ravi en extase. Il fallait que ses serviteurs vinssent l'ar-

lais ; la comtesse de Rochefort [1], si délicieusement émue de toutes les grâces que Marie recevait d'en-Haut et attirait sur le Dauphiné, qu'elle ne pouvait se lasser d'en parler ; elle en entretenait même, à Paris, son directeur M. Olier, et le saint fondateur des séminaires se recommandait aux prières de celle dont on lui avait révélé les vertus : « Faites qu'elle prie, mandait-il à la mère de Bressand, pour le pauvre serviteur inutile qui vous écrit et qui a joie de la voir devant Dieu ! [2] »

racher à ses transports, pour qu'il pût achever le Saint Sacrifice.

(Voir *la Famille de Boffin*, par le docteur Ulysse Chevalier et la *Vie de la Mère de Matel*.)

[1] Catherine de la Croix de Chevrières, sœur de Mme de Revel, avait épousé Anne de la Baume de Suze, chevalier, comte de Rochefort.

« Par sa vigilance, son esprit et sa conduite, écrit Guy Allard, les biens de la maison de son mari, qui étaient dispersés et aliénés, ont été rétablis et cette maison est devenue une des plus illustres et des plus riches de la province. »

Auprès de cette attestation de l'historien Dauphinois, nous pouvons placer l'éloge que faisait d'elle M. Olier :

« Madame la marquise de Rochefort a déjà très heureusement travaillé pour Dieu dans notre ville, » mandait-il à la sœur de Bressand. « J'espère en voir un jour quelque fruit dans notre ville... Cette bonne dame prend un soin particulier de s'avancer en Dieu, et me tesmoigne par sa confiance de vouloir faire entièrement les choses que Notre-Seigneur lui demande pour sa plus grande gloire. J'en ai une satisfaction toute particulière... »

[2] « Mme de Rochefort m'a parlé d'une madame d'Herculais, son nom m'a touché le cœur : je pense que c'est une âme simple et humble, par conséquent libre et déga-

Il nous faudrait signaler encore Mmes de Sautereau, de Chevrières, de Marnais, de Guérin..., MM. de Saint-Robert, de L'Hôpital, de Pourroy-Guillermière, de La Roussillière, de Galien, de Sassenage, de l'Albenc[1]. Mais on se lasse à transcrire ces noms divers, et cependant, cette liste des amis que Mme d'Herculais entraînait dans son vol vers le ciel, est loin d'être complète. Combien il en est qui sont restés inconnus à ses proches et à ses serviteurs, dont elle a décidé le retour vers Dieu, protégé la vertu, encouragé les efforts. Combien de pécheurs qui lui étaient recommandés et qu'elle n'a jamais vus, pour lesquels, après avoir prié avec des instances embrasées d'amour, elle s'est offerte en sacrifice, appelant ainsi sur son corps affaibli par les mortifications et les veilles, les peines qu'ils avaient encourues pour leurs crimes[2].

« Souvent, après trois ou quatre heures passées en oraison, écrit le P. Morin, on la voyait se lever avec un visage enflammé comme celui

gée. Faites qu'elle prie pour le pauvre serviteur inutile qui vous écrit, qui a joie de la voir devant Dieu; et cela en la manière que vous savez le faire, sans que cela nuise à sa simplicité... »

— *Lettre de M. Olier à la mère de Bressand.*

[1] Jean du Vache, seigneur de Châteauneuf de l'Albenc, avait épousé Françoise Fustier de la Rochette.

[2] *Oraison funèbre.*

d'un séraphin, et parler de Dieu à ceux qui l'approchaient en termes si touchants, qu'ils ne tardaient pas à suffoquer de douleur d'avoir pu offenser un maître si bon [1]. »

Parmi les vertus de l'humble Marie qui excitaient à cette dernière heure un si profond enthousiasme, une de celles qui attirait surtout les regards, c'était le zèle. Plus elle approchait de la tombe, plus les œuvres de Dieu paraissaient chères à son cœur. Elle eût voulu pourvoir aux besoins de toutes celles auxquelles elle avait été mêlée pendant sa vie. Son testament en donne maintes preuves [2] :

« Je lègue la somme de deux mille livres au couvent de Saint-Vallier des PP. du Tiers-Ordre de S. François, écrit-elle, à condition que ces religieux seront obligés de célébrer tous les jours une messe à perpétuité, en l'honneur de la Sainte Trinité, pour la persévérance et la perfection des justes [3].

« Je lègue la somme de trois mille livres au couvent des Pères Carmes déchaussés de Gre-

[1] *Oraison funèbre.*
[2] Note IX.
[3] Peu après la mort de Mme d'Herculais, cette somme de 2.000 fr. était déclarée insuffisante à la fondation d'une messe quotidienne à perpétuité. M. d'Herculais y ajouta 1,000 fr.
Note X.

noble, sous condition aussi d'y avoir une messe perpétuelle tous les jours, en l'honneur de la Sainte Vierge, pour la conversion des pécheurs.

« Je donne et lègue à la bâtisse ou fabrique de l'église des PP. Jésuites de Grenoble, la somme de mille livres... et veux que ce legs soit entièrement appliqué à la décoration de ladite église, surtout de l'autel où reposera le Très Saint-Sacrement...

« Je lègue la somme de cinquante livres au premier monastère de la Visitation de Sainte-Marie de Grenoble, et supplie les religieuses de prier Dieu pour moi et pour la conversion des pécheurs.

« Je lègue la même somme au monastère de Sainte-Ursule, et leur fais la même demande...

« De plus, je lègue la même somme de cinquante livres à la maison de la Madeleine ou des filles repenties de Grenoble.

« La même somme à la maison des orphelines desquelles les Dames de la Congrégation ont soin.

« Je donne et lègue la somme de trois cents livres aux pauvres de Theys...

« Je donne et lègue la somme de cinquante livres à l'église de Theys, dont je suis paroissienne, laquelle somme sera employée ou pour la décoration de l'autel où repose le Saint-Sacrement ou à acheter des ornements pour célébrer les offices... »

L'établissement de Franciscains, dont il est question à la première page de ce testament, avait été fondé, en 1642, à Saint-Vallier, par le président de Chevrières. Marie en avait vu à l'œuvre les fervents religieux ; de là était né le désir d'une fondation semblable à Theys, désir que partageait M. d'Herculais, et auquel il eût été heureux d'apporter un généreux concours. Le testament mentionne ce projet :

« Et parce que noble Claude de Tournet de Theys, seigneur d'Herculais, mon très honoré et très cher mari, écrit-elle, m'a fait espérer qu'il ferait de ses propres effets, une fondation de religieux du Tiers-Ordre de Saint François dans sa terre d'Herculais, j'avoue d'y avoir grande inclination ; mais comme je n'ai pas des facultés pour la faire, je souhaite, afin de contribuer à la dite fondation au cas qu'elle s'accomplisse, que les deux mille livres que j'ai léguées ci-dessus au couvent de Saint-Vallier pour une messe perpétuelle de la Sainte Trinité, soient transportées au lieu de ladite fondation, avec obligation de dire cette messe... »

La famille, on le voit, n'est plus l'objet des préoccupations de Mme d'Herculais. Elle institue bien son mari pour son héritier universel, mais afin qu'il acquitte ses dettes et legs. Quant à ses deux frères : « Je ne leur donne rien, dit-elle : l'un est religieux, qui comme tel par conséquent n'a pas besoin de mes biens [1] ; quant à Hugues, je lui ai cédé, par la considération de notre amitié, la moitié de l'héritage de feue ma mère, c'est pourquoi je le prie de se contenter de cela... et de permettre que le peu que j'ai soit employé pour le service et la gloire de Dieu, de qui je le tiens... »

Son oncle de Lyonne, son *très cher cousin* le conseiller de Guérin, sa bien-aimée cousine de Granieu [2], paraissent dans le testament, mais les uns comme exécuteurs, les autres comme témoins. Marie ne leur laisse que le soin de continuer ses œuvres, et si elle *leur confie ses dispositions dernières, c'est afin*, écrit-elle, *qu'elles soient fidèlement remplies, à la plus grande gloire de Dieu et selon la pure intention qu'il lui a donnée pour son amour...* »

De longues semaines de douleurs la séparent encore de la tombe ; mais plus elle approche du terme, plus elle grandit en générosité et en amour. « Si la perfection consiste dans l'amour de Dieu, écrit le P. Morin, et si le désir de souffrir pour

[1] Humbert de Valernod était entré, nous l'avons vu, au monastère de Saint-Ruf. Il en devint abbé en 1671.
[2] Née de Férus.

satisfaire sa justice, est une marque bien certaine et comme la pierre de touche de cet amour, il n'y a peut-être pas eu sur cette terre une personne plus parfaite que Mme d'Herculais. »

Et, afin de prouver la vérité de ce qu'il avance, le docte Jésuite nous la montre en son hôtel, étendue sur son lit, pouvant à peine changer de place, livrée à une fièvre ardente dont les accès se succèdent deux fois chaque jour pendant deux mois, les pieds et les mains percés par des clous invisibles,[1] toutes les jointures prises de douleurs aiguës, la tête brisée, la langue déchirée, une jambe horriblement enflée, et, comme si les peines corporelles ne suffisaient pas, accablée des désolations intérieures les plus effrayantes.

« Je ne vous dirai pas seulement, ajoute le P. Morin, que pendant ces mois d'horribles tortures, Mme d'Herculais ne se laissa aller à aucun sentiment d'impatience, j'irai plus loin : ces mois d'horribles tortures ne lui parurent être qu'un moment. Mais, qu'est-ce encore ? reprend le Jésuite, en cet état cruel elle me demandait qu'il lui fût permis de mettre des ceintures et des bracelets de fer, et, au refus des ceintures et des bracelets, de laisser garnir d'orties le lit sur lequel elle gisait. »

[1] *Oraison funèbre.*

Mme d'Herculais nous apprendra elle-même où en était son âme au sein de ses douleurs physiques lorsque ses inquiétudes morales eurent cessé : — « Comme on regarde d'un haut étage un chien enchaîné dans la basse-cour, qui se débat, hurle, se désespère, disait-elle à son confesseur, de même mon âme voit comme d'une haute région les peines que mon corps endure et qu'il sent à la vérité bien vivement... Néanmoins, elle les voit non pas avec indifférence seulement, mais avec une joie singulière pour l'honneur que Dieu en reçoit [1]. »

Il est inutile d'écrire d'où procédait cette énergie; elle venait de la seule cause qui la puisse produire : de l'amour. Cet amour s'était allumé en Mme d'Herculais pour ainsi dire dès le berceau, avait été cultivé avec soin, et grandissant en elle, était arrivé à son apogée et l'avait consumée peu à peu.

Le P. Morin et le P. Bertal, Salvaing et Boissat n'attribuent sa mort qu'à la violence de cet amour.

« C'est l'amour qui l'a fait mourir, » dit le P. Morin, et touchant délicatement à l'acte héroïque qu'elle avait fait, le 31 mai 1653, pour obtenir la pacification des âmes et la condamnation

[1] *Discours choisis.*

des Jansénistes, il s'écriait du haut de la chaire de Notre-Dame : « Que ne puis-je découvrir un secret que la postérité apprendra et que l'âge présent ne mérite pas de savoir ? Il était besoin d'une grande victime pour détourner le fléau qui ravageait la France et menaçait l'Église. Les plus intéressés, ceux qui étaient les plus avant dans la mêlée, ne combattaient qu'avec la langue et par la plume, l'amour cependant dévorait Mme d'Herculais et le monstre fut étouffé. De longtemps, reprend le Jésuite, je ne parlerai plus clairement ; c'est l'amour qui l'a fait mourir [1] ! »

Le sacrifice avait été accepté. Le jour même où Mme d'Herculais offrait sa vie à son Sauveur, Innocent X condamnait, ainsi que nous l'avons dit, les propositions jansénistes, réunies par le docteur Cornet, et rappelait aux fidèles les doctrines de l'Église depuis trop longtemps livrées aux conflits des passions.

Du 31 mai 1653 au 30 mai 1654, Mme d'Herculais, selon l'expression du P. Morin, *se consuma sur l'autel de son holocauste.* « L'amour attirait et concentrait toutes ses forces. Ses yeux ne voyaient plus qu'amour ; ses oreilles ne pouvaient entendre parler que de l'amour ; sa langue

[1] *Oraison funèbre.*

ne prononçait que des actes d'amour. Le sommeil lui était devenu impossible : l'amour l'empêchait de s'y livrer et l'interrompait à chaque instant; prenait-elle la nourriture qu'on lui présentait, elle la rejetait avec effort : l'amour seul la soutenait. Les remèdes étaient sans résultat sur les douleurs aiguës de son cœur; parfois même ils les accroissaient : il n'y avait que ses exercices de piété qui pussent la soulager. Les conversations que la charité ne provoquait pas lui devenaient de plus en plus importunes : elles s'opposaient aux préoccupations de son amour. Seules, les souffrances satisfaisaient ses ardeurs. Marie en était insatiable [1] ! » Souffrir pour expier ses péchés et ceux de ses frères, souffrir afin de prouver a son Seigneur qu'elle l'aimait, souffrir par ce cœur qu'elle lui avait donné et qu'il avait accepté, était sa consolation suprême. Elle n'en voulait par d'autre !

Mais son bien-aimé Maître ne se laissait pas vaincre. On le remarquait autour d'elle, à mesure que les forces de son corps déclinaient sous l'action de la fièvre, les élans de son âme se transformaient plus facilement en ravissements et en extases. Il semblait que ces mystérieuses visions des choses célestes, ne se renouvelaient

[1] *Oraison funèbre.*

ainsi en se prolongeant, que pour lui préparer par une transition douce et bénie l'accès de la vie éternelle.

Lorsqu'elle revenait à elle, elle ne pouvait dissimuler sa joie, ni taire les transports de son amour.

« Cet amour, dit le P. Morin, s'était accru jusqu'à la mesure de celui des Bienheureux ; qu'était-il besoin que Marie s'arrêtât plus longtemps dans le séjour des larmes? »[1]

Elle en franchit donc les limites le 30 mai 1654, un samedi, veille de la fête de la Sainte Trinité, à peine âgée de trente-cinq ans !

[1] *Oraison funèbre.*

XII

LES LENDEMAINS DE LA MORT

1654-1727

« Je n'ai rien ordonné touchant mes funérailles, écrivait Mme d'Herculais, en l'une des dernières pages de son testament, parce que ayant toujours désiré de me soumettre aux volontés du mari que Dieu m'a donné pour supérieur, je veux encore lui laisser entièrement ce soin, le priant, au nom du même Dieu, de ne permettre aucune pompe à mes obsèques, mais de me faire enterrer comme une pauvre, aimant beaucoup mieux que les frais qui se feraient pour des honneurs mondains, soient convertis en bonnes œuvres. » [1]

M. d'Herculais n'exauça pas ce vœu; et tandis que ses parents et ses amis, ses serviteurs et les

[1] *Archives de l'Isère.*

pauvres de la ville se pressaient en larmes [1] autour du lit, sur lequel reposaient les précieuses dépouilles de sa femme, des ordres étaient donnés pour qu'elles fussent arrachées, s'il était possible, aux profanations de la mort et inhumées avec tous les honneurs qui leur étaient dus.

« On ouvrit donc ce saint corps, écrit le Père Morin, et l'on constata que de tous les maux, divers et douloureux, dont il avait été frappé, il

[1] La douleur de ses proches fut très vive. Qu'il nous soit permis de citer à ce sujet la lettre de son cousin, M. de Valernod, seigneur de Chanfagot :

« *A Saint-Vallier, ce 3 juin 1654.*

« Monsieur,

« La perte que j'ai faite me jetant dans un accablement de douleur ne me peut pas donner la liberté de vous escrire, mais seulement pour mêler mes larmes avec les vôtres. Je crois que je n'aurais point tant de peine à trouver ma consolation si j'avais eu le bien de l'avoir vue dans son mal et lui rendre mes services comme j'y étais obligé. Après avoir pesé toutes les raisons qui pouvaient me soulager dans mon affliction, je n'en ai point trouvé qui ne fussent au-dessous de ma douleur, que la considération du bonheur quelle a maintenant de jouir de son Amour après lequel elle a tant soupiré et pour lequel elle a souffert si longtemps des maux incroyables. C'est par ce moyen que préférant ses satisfactions particulières à mes propres intérêts, j'ai trouvé de l'allégement à la grandeur de la perte que j'ai faite. Je vous supplie, Monsieur, que je ne fasse pas celle de votre amitié ni de l'honneur que je vous demande de croire que je serai toujours avec respect et passion.,

« Votre très humble frère et obéissant serviteur,

« VALERNOD CHANFAGOT. »

— *Archives de l'Isère.*

ne restait aucune trace. Seul, le péricarde paraissait privé d'une partie de la substance liquide nécessaire au fonctionnement du cœur [1].

Ce fut au premier monastère de la Visitation de Sainte-Marie qu'on porta ce cœur.

Quant au corps de Mme d'Herculais, les Chanoines de la cathédrale et les Jésuites demandèrent avec d'égales instances de le conserver dans les caveaux de leurs églises. M. d'Herculais n'accéda pas à leurs prières. S'il choisit l'église des Jésuites, ce fut comme un asile temporaire, en attendant que la chapelle qu'il avait le dessein d'ériger à Theys fût construite [2].

Le P. de Billy, recteur du collège, heureux d'abriter, ne fût-ce que quelques mois, les restes de Mme d'Herculais [3], fit tendre le chœur de l'église [4] et la chapelle de la Sainte Vierge de draperies noires, relevées de distance en distance

[1] « Le péricarde, comme toutes les cavités séreuses, contient du liquide peu abondant, il est vrai, mais dont la présence est absolument nécessaire au fonctionnement du cœur. » — Le docteur VINCENT.

[2] Note XI. Ce dessein ne reçut aucun accomplissement et l'asile temporaire ouvert à Mme d'Herculais devint définitif, lorsque la chapelle des Jésuites eut été construite.

[3] Il avait reçu le dépôt de son testament quelque temps auparavant.

[4] Le louage de ces tentures de drap noir coûta 33 livres. On mit, tant à l'église qu'au catafalque, neuf douzaines d'armoiries. — *Archives de l'Isère*.

par les armoiries des deux familles d'Herculais et de Valernod.

On y conduisit ensuite la pieuse servante du Seigneur, au milieu des transports du peuple et des témoignages de la vénération la plus touchante.

Le Chapitre de la cathédrale, le Clergé de la paroisse, les membres du Parlement et de la Cour des comptes, voulurent assister à ce magnifique triomphe; toutes les communautés religieuses de la ville, toutes les corporations y prirent leur place : les tourières des Clarisses du monastère de l'*Ave Maria* à la suite des orphelines de la Propagation, les Franciscains de la Madeleine auprès des Minimes du couvent de Notre-Dame de Bonne Espérance, les Carmes déchaussés, les Augustins, les Récollets, etc. [1]

Si, dans la foule, on demandait miséricorde pour Mme d'Herculais, c'était à la prier que l'on s'occupait davantage. Il semblait à tous qu'elle n'avait été tirée de sa solitude si aimée de Theys, et retenue à Grenoble par de longs mois de souffrances, que pour en devenir la protectrice et la patronne, comme elle en était déjà le modèle, la gloire et l'honneur [2].

[1] *Archives de l'Isère.*
[2] *Oraison funèbre.*

L'église des Jésuites s'ouvrit devant la foule. On déposa le cercueil près de l'autel de la Sainte Vierge [1], et pendant quarante jours les pieux fidèles qui l'y avaient accompagné, y revinrent en grand nombre. Ainsi que de la robe sacrée du Christ, une secrète vertu s'échappait des ossements de sa pieuse servante. Les affligés le constataient et publiaient en pleurant de joie les grâces qu'ils avaient obtenues.

Au commencement du mois de juillet, le P. Morin, se faisant l'écho de tous les regrets et de tous les souvenirs, prononça l'oraison funèbre de la noble Dauphinoise. L'évêque de Grenoble, Mgr Scarron, « qui avait contribué avec une si paternelle charité aux accroissements de sa vertu, tandis qu'elle était mortelle [2]; » les chanoines du Chapitre de la cathédrale, « qui s'étaient plu à lui rendre tous les hommages possibles, sans autre motif que celui de l'honorer [3]; » les membres du Parlement et de la Chambre des comptes ; les religieux de tous les monastères qu'elle avait aidés ; les pauvres qu'elle aimait ; les parents dont elle avait été entourée pendant sa courte carrière, tous vinrent s'asseoir au pied de

[1] Il était de plomb, et avait coûté « 71 livres 18 sous en louis d'argent. » — *Archives de l'Isère.*

[2] *Oraison funèbre.*

[3] Ibid.

la chaire, où le Jésuite rappela ses vertus et les principaux traits de sa vie.

Peut-être, après deux siècles et demi, serons-nous tentés d'accuser cet éloge funèbre d'enthousiasme et d'exagération. Ne l'oublions pas : le P. Morin avait vu Mme d'Herculais de trop près pour ne pas l'admirer; aussi, lorsque le sentiment de sa vénération échappe à ses lèvres, il s'en aperçoit sans s'excuser: « Je n'agis pas avec une précipitation hâtive, Messieurs, s'écrie-t-il, en faisant un tel éloge de Mme d'Herculais. Il est vrai qu'il appartient à une autre bouche de lui donner le nom de sainte... Mais, je le dis à la gloire de Dieu et à l'honneur de tant de nobles familles qui ont eu l'avantage de lui tenir de près, il y a bien des saints que l'Église fête, desquels on ne sait pas de plus grandes choses ! » Et revenant à une parole dite par Mme de Valernod, alors que sa fille s'épuisait sur la terre en mortifications et en charités : « Vous verrez cet oracle s'accomplir, Messieurs, ajoutait-il, Madame d'Herculais sera indubitablement un jour la gloire de sa famille[1] ! »

Il n'a pas été seul à élever la voix pour glorifier la pieuse Marie.

Le Jésuite, Étienne Bertal, à la suite d'un dis-

[1] *Oraison funèbre.*

cours sur *les grandeurs de Dieu et la soumission que les êtres créés doivent à l'Estre Souverain*, a longuement parlé de ses vertus et de ses sacrifices.

Salvaing de Boissieu lui a consacré des vers latins, que les archives des principales villes de France ont gardés [1].

Boissat l'a chantée en deux langues; et à la suite de quelques stances françaises qu'il fait prononcer au Sauveur sur le tombeau de sa servante, il a tracé son épitaphe [2].

Les historiens Dauphinois mentionnent également sa beauté, son esprit, sa sainteté.

Mais de tous les hommages qu'elle reçut, celui qui nous paraît le plus important, malgré son laconisme, c'est celui que lui rendit Mgr Le Camus.

Ce grand évêque, que le Dauphiné vénère, dont la France a admiré le zèle, l'austérité et les lumières, que Rome a élevé au cardinalat, faisant en 1672, la visite des paroisses de son diocèse, s'arrêta à Theys; et, après avoir relaté dans le registre de ses procès-verbaux, le riche calice,

[1] Note XII.
[2] Note XIII.

« Arreste, et vois, passant, la merveille du lieu ;
« Ce corps fut toujours triste et content sur la terre ;
« Eust toujours en soy mesme et la paix et la guerre,
« Et vescut et mourut de l'amour de son Dieu. »

P. DE BOISSAT.

les chasubles, la statue de la Sainte Vierge, qu'il avait trouvés dans la chapelle du château d'Herculais, il rappelle le testament de la noble châtelaine, si rempli de fondations pieuses, et ajoute : « Mme d'Herculais est morte en odeur de sainteté [1] ! »

Hâtons-nous de l'avouer : cette femme qui tenait par sa naissance et par son mariage à tant de familles illustres, que les orateurs, les poëtes et les historiens Dauphinois ont tour à tour célébrée, que les habitants de Grenoble et des rives du Rhône ontlouée, aimée, invoquée, et à l'intercession de laquelle ils attribuaient tant de grâces [2], dont enfin un prince de l'Église a salué la naissance céleste, cette femme admirable est tombée dans le plus profond oubli [3].

[1] Note XIV.

[2] « Mme d'Herculais,tante de notre Mère Anne-Elisabeth de Valernod, fut un objet d'admiration par le degré héroïque auquel elle porta toutes les vertus chrétiennes. Son nom demeura en vénération dans ces contrées, où le peuple publiait les grâces qu'il croyait lui devoir. »

Notice de la Mère Anne-Elisabeth de Valernod, religieuse de la Visitation de Romans.

— *Archives du Monastère de Romans.*

[3] M. d'Herculais passait à une seconde union, le 28 juillet 1655; mais il ne nous parait pas que Marie Pourroy ait fait oublier Marie de Valernod.

Marie Pourroy était fille de noble François Pourroy' conseiller du roi, lieutenant-général de la sénéchaussée,

Mais si les habitants du Dauphiné ont cessé de se souvenir de ses bienfaits et d'entourer de leurs hommages ses restes mortels, elle n'a pas cessé d'attirer sur eux les secours d'en-Haut. Sa charité ne s'est pas refroidie au contact de la charité divine: elle priait pour ses concitoyens, il y a deux cent quarante ans, elle prie encore pour eux au sein de l'éternelle paix!

De quels accroissements de bonheur son âme bienheureuse a dû jouir, lorsque le 3 juillet 1727, Mgr de Caulet, évêque de Grenoble, usant des pouvoirs que lui donnait l'Église, permit au recteur des Jésuites, d'ériger dans la chapelle du collège, la congrégation du Sacré-Cœur de Jésus, et en fixa la fête au vendredi d'après l'octave du Saint Sacrement [1]. Mais qu'ils durent être encore et plus grands et plus doux les tressaillements de sa joie, lorsque le 3 septembre 1727, le Pape

seigneur présidial de Crest, etc., et d'Anne de Beaumont d'Autichamp.

M. d'Herculais eut deux enfants de ce second mariage :

Joseph de Tournet, écuyer, qui mourut le 16 août 1683, sans laisser de postérité;

Marie de Tournet, qui épousa le 22 janvier 1676, Claude Alloix, président à mortier au Parlement de Grenoble, dont elle eut six enfants.

Elle avait hérité de la terre d'Herculais et la fit passer par son mariage dans la famille Alloix

Jean-Claude de Tournet de Theys, seigneur d'Herculais, mourut en 1673.

[1] Note XV.

Benoît XIII accorda aux fidèles qui s'étaient enrôlés ou s'enrôleraient dans cette confrérie [1], des indulgences si nombreuses et si magnifiques, qu'en les comptant on s'étonne; surtout si l'on se souvient que ce grand Pontife, un an plus tard, refusait à l'épiscopat Français, de placer la fête du Sacré-Cœur au nombre des fêtes publiques, et s'abstenait jusqu'à la fin de sa vie, de donner une sanction définitive aux révélations de Marie Alacoque.

Mme d'Herculais, en recevant du Sauveur la révélation de son cœur sacré, n'avait pas la mission d'en propager le culte; mais ne peut-on pas présumer de ses instances secrètes pour que ce culte, dont elle avait goûté les joies, fût demandé à son peuple, comme une réparation des crimes qu'il avait commis et une action de grâces des faveurs célestes dont il était l'objet? Ne peut-on pas présumer également des libéralités de Notre-Seigneur à son égard ? Le P. Morin a remarqué et a dit à ses auditeurs, qu'ELLE OBTENAIT TOUT CE QU'ELLE DÉSIRAIT !

[1] Note XVI.

1891-1892.

Le 20 août 1891, des ouvriers, occupés à transformer l'ancienne église des Jésuites en salle de gymnase pour un lycée de filles, découvrirent sous la grande chapelle, à gauche de l'abside, un caveau de quatre mètres de longueur sur plus de deux mètres de largeur et un mètre et demi de hauteur.

Il était recouvert de quarante centimètres de maçonnerie ; d'un coup de pioche, François Midol, l'un des ouvriers, perfora la pierre molle qui en fermait l'entrée, et après en avoir soulevé les débris, pénétra dans l'intérieur.

Ce caveau était à demi rempli d'eau. Au bas des marches qui permettaient d'y descendre, on ne tarda pas à apercevoir un cercueil de plomb, dont le couvercle était fendu dans toute sa longueur.

Sans doute, ce cercueil avait été violé; peut-être même avait-on voulu l'emporter, car sa partie la plus étroite était soulevée contre les marches du caveau, et les ossements qu'il contenait rejetés dans la partie la plus large.

Un peu plus loin, à droite, le long des parois

du caveau, M. Louis Bugey, conducteur des travaux, découvrit des étais de bois, fixés au mur, qui lui parurent avoir servi de support au cercueil.

S'il fût resté à cette place, il n'eût probablement pas été découvert : « Je prenais ce caveau pour le conduit souterrain des eaux pluviales, disait quelques jours plus tard, M. Bugey ; je n'y serais pas descendu, si je n'eusse aperçu le cercueil au pied de l'escalier ! »

Les ouvriers l'enlevèrent et le portèrent dans la cour du lycée. Ils sondèrent ensuite le caveau pour savoir s'ils ne contenait pas d'autres corps. Mais ils ne découvrirent rien, sinon au fond, une petite fenêtre murée [1].

[1] Cette petite fenêtre murée devait ouvrir sur un autre caveau.

L'église des Jésuites en comptait plusieurs. On lit dans l'acte de fondation du chœur de cette église, (Note X), que Jean du Vache, seigneur de Châteauneuf de l'Albenc, s'y réserva sa sépulture, comme fondateur, celle de sa femme, Françoise Fustier de la Rochette, et celle de ses héritiers à perpétuité.

Il demanda également aux RR. PP. Jésuites, que le corps de Mme d'Herculais y fût porté, *attendu la vénération qu'il avait pour elle*, lorsque leur église serait achevée.

Le 18 août 1660, M. d'Herculais élevait des réclamations contre le désir du seigneur de l'Albenc, comme il en avait élevé, en 1654, contre les désirs des chanoines de la cathédrale et des RR. PP. Jésuites. Sa mort, arrivée en 1673, permit aux Jésuites d'ouvrir définitivement les caveaux de leur église à Mme d'Herculais.

Un cœur transpercé par deux flèches, duquel s'échappaient des flammes et que dominait le monogramme du Christ, avait été grossièrement gravé sur le cercueil, ainsi que cette inscription :

MARIE DE VALERNOD
VIGIL. TRINIT. AN. 1654 ✝
30 MAI [1]

Cette épitaphe apprit à M. Bugey et aux ouvriers que le corps d'une femme avait été déposé dans ce cercueil; mais nous l'avons écrit, les souvenirs que cette femme avait laissés sur la terre s'étaient perdus; son nom et la date de sa mort les renseignèrent donc fort peu.

M. Maignien, conservateur de la bibliothèque de la ville de Grenoble, ayant été prévenu, vint voir ce cercueil, et la lumière se fit sur Mme d'Herculais. Bientôt, divers journaux annonçaient la découverte de ses ossements et reproduisaient l'article que Guy-Allard lui consacre dans son dictionnaire :

« Marie de Valernod, dame d'Herculais, écrit le vieil historien, a été femme de Jean-Claude de Tournet, l'exemple des vertueuses de son temps,

[1] Dans l'O de Valernod il y a un P et une M.

la gloire de son sexe par son esprit, l'honneur de son siècle par sa piété et le modèle des épouses qui veulent plaire à Dieu et s'accommoder aux volontés d'un mari. Elle a fait des abstinences, des mortifications, des charités, et des actions si chrétiennes qu'on ne doute pas qu'elle n'ait une place parmi les saints. Elle est morte il y a peu d'années : son corps repose dans l'église des Jésuites de Grenoble, et son cœur en celle du premier monastère de la Visitation de la même ville [1]... »

Transporté dans la grande salle de la bibliothèque, le 21 août, le corps de Marie de Valernod y passa sept mois.

Ce n'était pas là sa place : M. Gaché, maire de Grenoble, le comprit, et, le 20 mars 1892, cédant aux instantes sollicitations de M. l'abbé Vincent-Martin, aumônier des Ursulines, mandataire de Mgr Fava, évêque de Grenoble, il permit qu'on l'enlevât de la vitrine où il avait été déposé et qu'on le transférât au monastère de Sainte-Marie-d'en-Haut.

La translation se fit deux jours après : les temps douloureux que nous traversons obligèrent M. Martin à éviter toute manifestation.

Une petite charrette, sur laquelle avait été

[1] Guy-Allard, *Dictionnaire*, 2e vol. p. 727.

jetée, au moment du départ, une couverture de laine blanche, a été, en cette circonstance, le char triomphal de la noble Dauphinoise « la gloire de son sexe par son esprit, l'honneur de son temps par l'héroïsme de ses vertus et les prodiges de sa charité! »

L'humble cortège a suivi les rues Villars, Saint-Vincent-de-Paul et du Lycée, traversé la place Grenette, pris ensuite la rue Montorge, longé les murs de l'hôpital, et franchissant l'Isère sur le vieux pont de pierre, a gravi péniblement les rudes pentes de la montée de Rabot.

On eût dit que c'était à dessein que les ossements de Mme d'Herculais, décomposés par la mort, étaient conduits dans les divers lieux où elle avait paru jadis avec tout l'éclat de la beauté et de la sainteté.

A la porte de l'ancien couvent des Jésuites, on pouvait se la représenter, entourée de toutes les sommités du Parlement et de la Chambre des comptes.

Sur la place Grenette, on la retrouvait assistant à l'exécution d'une malheureuse femme, et se plaignant de n'être pas sur l'échafaud à sa place : elle eût été si heureuse de mourir pour obtenir le pardon des péchés qui ont causé la mort de son Sauveur !

A l'hôpital, c'était penchée sur le lit d'un pauvre malade qu'on croyait l'apercevoir, pansant ses plaies, les baisant, ou encore attirant sur ses lèvres avec un respect plein d'amour, la sainte Hostie qu'un moribond venait de rejeter dans les convulsions de la douleur !

L'indifférence des passants, leurs propos divers, n'étaient pas de nature à distraire les acteurs de cette translation modeste, auxquels s'était adjoint M. Rey, vicaire général de l'Église de Grenoble. Leurs cœurs étaient plus haut.

Volontiers ils eussent entonné le *Magnificat*, en arrivant au monastère de Sainte-Marie, lorsque la supérieure, Mme de Gournay, assistée de deux religieuses, leur en eut ouvert les portes.

Le Dieu de toute sainteté ne regardait-il pas *la bassesse de sa Servante* ?

N'était-ce pas lui qui avait voulu qu'on enlevât ses ossements de l'église du lycée, transformée en gymnase, d'où la croix a été arrachée et où l'Eucharistie ne réside plus ?

N'était-ce pas lui qui avait permis qu'ils fussent laissés sept longs mois au musée, afin que les savants Dauphinois pussent redire l'esprit, la beauté et les vertus de cette femme admirable ?

N'était-ce pas lui qui venait d'ordonner le transfert de son corps là où avait été déposé son cœur, il y a 238 ans, dans ce caveau de Sainte-Marie où les dépouilles terrestres des religieuses qu'elle avait aimées, Gasparde Meney, Constance de Bressand, Séraphique de Chevrières, attendent la résurrection?

N'était-ce pas lui qui, dans l'ardeur de son amour pour cette créature privilégiée, désignait aux religieuses Ursulines et à leur aumônier, la place si proche de l'autel, que ses précieux restes devaient occuper désormais?

Certes, en agissant ainsi, le divin Maître n'a pas eu à déployer la force de son bras; mais il est impossible de ne pas le reconnaître : IL A PRIS SOUS SA PROTECTION SON HUMBLE SERVANTE. IL S'EST SOUVENU DE SA MISÉRICORDE !

NOTES

NOTE I

D. O. M. et B. M.

Reverendissimi, clarissimique D. D. Petri de Valernod episcopi et comitis Nemausensis, in utroque regis Galliarum christianissimi consilio consiliarii epitaphium anagramaticum.

PETRUS DE VALERNOD EPISCOPUS ET COMES NEMAUSENSIS

Vale, pastor noster, penes Dominum ovis cupidus esse.

Assidet huic tumulo præses venerandus in ævum
Qui pietate viris, religione Deo,
Religione Deo placuit, virtutis amator,
Qui summus summis, qui sibi parvus erat.
Sollicitusque, potens, insignis, castus, adorans
Cura, doctrina, sanguine, mente, Deum.
Nura nimis tulit, impia abhorruit, ædificavit
Sacrilega passim diruta templa manu.
Nemausi occiderat superi reverentia cultus,
Et decus, et priscæ relligionis amor.
Rarus, et incerta errabat Statonie Sacerdos,
Nec dabat authori debita sacra suo.
At dum ter denos antistes præfuit annos,
Bisque octo usque adeo lustra peracta sibi,

Edocuit, statuit, firmavit, fecit, adauxit,
Ignaros, cultum, pectora, sacra, gregem.
Divitias, laudes, terram, dedit, expulit, odit.
Vana, Deum, cœlum, sprevit, amavit, habet.
Ergo velis superest tibi dicamus : vale, noster
Esse penes Dominum pastor ovis cupidus.

P. C. nobilis Johannes de Valernod ex fratre nepos, idibus septembris 1625[1].

[1] *Gallia Christiana.*

NOTE II

CONTRAT DE MARIAGE DE M. DE VALERNOD

Mariage de noble Jean de Tournet de Theys, seigneur d'Herculais, fils de défunt noble Nicolas de Tournet, seigneur d'Herculais, du lieu de Theys et de damoiselle Hélène d'Arzac, mariés d'une part; et demoiselle Marie de Valernod, fille de noble Jean de Valernod, seigneur de Fay et de Chanfagot, et de Louise de Lyonne, mariés d'autre part. Ont promis de soy prendre et épouser l'un l'autre en loyal mariage, en face de la sainte Église, à la première réquisition de l'un d'eux, Dieu et sainte Église le permettant. Apporte en dot à son époux 9,000 livres à elle données et léguées par ledit feu sieur son père en son dernier testament, payable icelle somme le lendemain de la célébration dudit mariage, par ladite damoiselle sa mère, administratresse des biens de noble Hugon de Valernod, son frère, héritier de leur dit père. La mère constitue de son chef la somme de 3,000 liv. Elle donne de plus à sa fille la somme de 500 liv. tournois pour ses robes nuptiales. Le sieur de Tournet donne en augment de dot à sa future épouse, 6,000 liv. tournois et 1,000 liv. pour bagues et joyaux, et au réciproque, et en cas de prédécès de la future épouse, celle-ci donne à son futur époux 3,000 liv. tournois. Toutes lesquelles sommes, données en augment de dot et survie seront et appartiendront aux enfants qui naîtront de ce mariage, et à défaut d'enfants, le survivant disposera de la somme à lui acquise à sa volonté, et pour ce qui est des bagues et joyaux, la future épouse en aura la libre disposition à vie ou à mort.— Et parce que ledit mariage est grandement agréable à ladite damoiselle d'Arzac, elle donne à son fils, tant de son chef que comme héritière universelle dudit sieur Tournet, son mari, ladite maison, château, terre et seigneurie d'Herculais, biens, domaines, droits, devoirs et revenus en dépendant, avec la moitié de tous les meubles étant à présent dans ledit château. Item, la maison de ladite damoiselle audit lieu de Theys appelé le Clot, granges, biens et domaines en dépendant. — Item, la maison, grange et domaine qu'elle a au lieu de Tencin, et les vignes de la Frette, avec les meubles et bétail étant dans lesdites granges et celliers de la Frette, se réservant néanmoins les fruits et revenus desdits biens donnés durant sa vie, à la charge de fournir la dépense de bouche desdits mariés, leurs enfants, le train nécessaire pour le service de leurs personnes et de leurs enfants, sans être tenue à leur entretènement d'habits, ni gages de leurs serviteurs. Et au cas que lesdits sieurs mariés ne pourraient commodément habiter avec ladite damoiselle donatrice, leur laisse pour leur nourriture les fruits et revenus desdits biens donnés, réserve seulement de ladite maison du Clot, et domaines en dépendant. — Elle saisit son fils, le futur époux, de tout cela par vertu des présentes.— Et au cas de prédécès du futur époux, il donne du consentement de sa mère à la future épouse, son habitation et de sa famille dans ladite maison et château d'Herculais, meublée honorablement selon sa qualité, sa vie naturelle et viduité durant; et en cas de restitution de dot, le futur époux promet et s'oblige la payer, bagues et joyaux, à ladite future épouse et autres qu'il appartiendra.

Fait et récité à Grenoble, dans la maison du sieur de Mirabel, habitation de ladite damoiselle de Valernod, en rue de Bonne, en présence des parents des partis ci-après nommés et présents : Messire Claude de Simiane, seigneur de Montbivoz, conseiller du roi en ses conseils, et président en ladite cour; noble Ennemond Fustier, sieur de La Rochette; noble Louis Frère, sieur de Crollar, et noble Pierre Béatrix-Robert sieur de Saint-Germain, conseiller du roi en ladite cour; noble Arthus de Lyonne, sieur d'Aouste, ci-devant conseiller du roi en ladite cour; noble Humbert de Lyonne, conseiller du roi et maître ordinaire en la chambre des comptes de ce dit pays; Messire Charles de Claveyson, seigneur d'Hostun et autres places, gouverneur pour le roi en la ville de Romans; noble Denys de Salvaing, conseiller du roi, vibailli du Graisivaudan; noble Guy-Balthazar de Monteynard, seigneur de la Pierre; noble Antoine de Franc, conseiller du roi et trésorier général; noble Sébastien de Lyonne, seigneur de Leyssins et Me Boniel, advocat en ladite cour, témoins requis et signés, ainsi en ma cédule, avec les parties et plusieurs autres: Herculès,

Marie de Valernod, Hélène d'Arzac, Loyse de Lyonne, Arthus de Lyonne, Humbert de Lyonne, A. de Franc, etc. Charlotte de Lyonne, Boissieu de Salvaing, A. Deagent, F. Boniel, et moy dit notaire.

C. Froment[1].

1 *Archives de la Drôme. E. 1844.*

NOTE III

ACTE DE MARIAGE

Le 5 juillet 1635 ont été espousés, en face de saincte mère l'Église, par parole de présence, audict jour, les bans donnés par Me l'official de Grenoble, noble Jean Claude de Theys de Tournet, seigneur d'Herculais et demoiselle Marie de Valernod, fille de feu noble Jean de Valernod, du lieu de Saint-Vallier, en la présence des parents des parties et des soussignés.

TOURNET, Marie DE VALERNOD, Arthus DE LYONNE, *prêtre;* LAROCHE [1], ARCHIER, *prêtre;* VALERNOD, Hélène D'ARZAC [2].

[1] Jacques de Commiers, seigneur de la Roche, avait épousé Louise de Tournet; il était par conséquent beau-frère de Claude de Tournet de Theys.

[2] *Archives municipales de Grenoble.*

NOTE IV

PASSE-PORT

Le duc de Créquy Pair et maréchal de France, Lieutenant Général pour le Roy en Dauphiné et en son armée d'Italie.

Nous prions tous ceux qui ne reconnaissent point nostre autorité et enjoignons à tous ceux sur qui s'étend nostre pouvoir, de laisser sûrement et librement passer le sieur d'Herculais, capitaine au régiment de Forest, le sieur de Tornet, son lieutenant, et le sieur de Buissonnière, son enseigne, avec six valets pour eux, sçavoir trois pour ledit capitaine, deux pour son lieutenant, un pour l'enseigne accompagné de ses deux sergents ; et menant avec luy leurs chevaux de bagage, un pour son enseigne, s'en allant en France pour y faire la revue de leur compagnie ; à condition que si quelque soldat voulait passer sous ce présent passeport, il sera pris et fusillé.

Fait à Casal, le 15e jour d'aoust 1636.

Le duc DE CRÉQUY [1].

[1] *Archives de l'Isère.*

NOTE V

NOMINATION DE M. D'HERCULAIS A LA CHARGE DE SYNDIC DE LA NOBLESSE DU GRAISIVAUDAN

Du 17e jour dn mois de décembre 1638, à Grenoble, en l'assemblée du pays.

Sur ce qui a été représenté qu'ayant pourveu aux honneurs qu'on doibt à la mémoire de feu M. du Mottet, commis aux Etats de ce pays, pour le baillage de Graisivaudan; il restait encore à luy rendre celuy de luy donner un digne successeur en sa charge, que pour cet effet et affin que l'assemblée puisse toujours estre parfaicte, il serait bon de procéder à nouvelle nomination pour la remplir, ce qu'ayant esté mis en délibération a esté, conclu, que ne se pouvant faire une plus digne eslection en ladite charge que de la personne de Monsieur d'Herculès, attendu ses bonnes qualités, que ledit sieur d'Herculès est nommé commis du pays de Dauphiné, pour le baillage de Graisivaudan, par la mort dudit sieur du Mottet, soubs le bon plaisir des Estats, à la charge de prester le serment en tel cas requis et accoutumé.

BASSET[1].

[1] *Extrait du régistre du pays.— Archives de l'Isère.*

Du 18e jour du mois de décembre 1638 à Grenoble, en l'assemblée du pays.

Monsieur d'Herculès nommé du jour d'hier commis du pays pour le baillage de Graisivaudan, à cause du decedz de Monsieur du Mottet, a représenté comme ayant esté adverty qu'il avait pleu à la compagnie l'honorer de ceste charge, qu'il n'avait peu qu'il ne l'eu en vin démentit, et leur assurer qu'autant qu'il luy sera possible il leur continuera toujours en la bonne opinion qu'on a voulu avoir de luy.

Après, Monsieur le doyen de Bonrepos, commis des États, a print dudit sieur d'Herculès le serment en tel cas requis et accoustumé de bien et fidèlement servir en ladite charge de commis du pays, puis l'a prié vouloir prendre son rang parmy ses confrères et signer de vray établissement en ladite charge soubs le bon plaisir desdits États.

Basset[1].

LETTRES ADRESSÉES A M. D'HERCULAIS COMME SYNDIC DE LA NOBLESSE DU GRAISIVAUDAN

Monsieur,

Ces messieurs de vostre compagnie m'ont chargé de vous faire cette recharge par homme exprès afin qu'il vous plaise aussitôt la présente reçue, de vous

[1] *Extrait du régistre du pays.— Archives de l'Isère.*

acheminer icy pour affaires qui importent à la province et auxquelles il ne se peut rien résoudre sans vostre présence. Le zèle que vous avez toujours tesmoigné pour ses avantages, leur faict espérer que vous serez bien aise de profiter de cette occasion pour lui en faire ressentir les effects, et moy en particulier je tacheray, Monsieur, de mériter partout l'honneur que j'ay d'estre

Vostre très affectionné serviteur,

BASSET [1].

Grenoble, ce 1er juin 1644.

Monsieur,

Nous avons été contraincs de renvoyer l'assemblée que nous devions tenir vendredi dernier à lundy prochain, tant à cause de vostre absence, que parce que les affaires quy s'y doivent traiter sont grandement importantes et désirent une entière instruction, avant que de pouvoir délibérer en aucune des choses proposées. Ce renvoi nous a fait espérer que nous aurons le bien de vous y voir, et que vous ne permettrez pas que, par notre faute, cette pauvre province soit abandonnée à l'ambition de tant de monde qui cherche par tout moyen à la déchirer.

Grenoble, le 4 juin 1644.

Votre très affectionné serviteur.

BASSET [2].

1.2 *Archives de l'Isère.*

NOTE VI

M. D'HERCULAIS DISPENSÉ DU SERVICE MILITAIRE

Le duc de Lesdiguières, pair de France, lieutetenant général pour le roy en Dauphiné :

Nous certifions à tous qu'il appartiendra que le sieur de Tornet d'Herculès, commis des Estats de ceste province s'est présenté à la revue générale de messieurs de la noblesse dudit pays, faite en dernier lieu à Gap, pour aller rendre à Sa Majesté le service qu'elle désire d'elle, à l'occasion présente du siège de Thurin, et que sa présance estant nécessaire en ce gouvernement, tant pour l'exercice de ladite commission que pour ensuite de celle que nous lui avons donnée, avoir soucy dans son baillage que les troupes qui y passeront vivent avec police et que les estapes soient garnies à la forme de nos ordres, Nous l'avons dispensé dudit service.

Fait à Gap, le 1er août 1640 [1].

[1] *Archives de l'Isère.*

NOTE VII

RÈGLEMENT DE LA CONFRÉRIE DE LA CHARITÉ

La confrérie de la Charité est instituée pour honorer Notre-Seigneur Jésus-Christ, patron d'ycelle et sa sainte Mère, pour assister les pauvres du lieu où elle est établie corporellement et spirituellement. Corporellement, en leur administrant la nourriture et les médicaments nécessaires ; spirituellement, en procurant que ceux qui seront assistés par ladite confrérie se confessent et communient devant que d'y estre reçus ou immédiatement après ; que ceux qui mourront partent de ce monde en bon estat, et que ceux qui guériront fassent résolution de bien vivre à l'advenir.

Ladite confrérie sera composée d'un certain nombre limité de femmes et de filles qui esliront d'entre elles trois, de deux en deux ans, le lendemain de la Pentecôte. Ces trois icy seront les officières de ladite confrérie et auront l'entière direction d'icelle ; la première sera supérieure ou directrice, la seconde trésorière ou assistante, et la troisième garde-meuble ou seconde assistante : elles esliront aussi un homme de la paroisse pieux et charitable qui sera leur procureur.

La supérieure prendra garde à ce que le présent règlement s'observe, que chaque personne de la confrérie fasse bien son devoir ; recevra aux soins de la confrérie les pauvres malades et les congédiera quand ils seront guéris de l'avis des deux autres officières.

La trésorière servira de conseil à la supérieure, gardera l'argent de la confrérie dans un coffre à deux serrures différentes, dont la supérieure aura une clef et elle l'autre, et qu'elle pourra tenir un escus entre ses mains, pour subvenir à la dépense courante et en rendra compte à la fin de ses deux ans, le lendemain de la Pentecoste, aux officières qui seront annuellement eslues et aux autres sœurs de la charité, en présence de M. le curé du lieu et des habitants qui désireront s'y trouver.

La garde-meuble servira aussi de conseil à la supérieure et blanchira et raccomodera le linge de la confrérie et en rendra compte au bout de ses deux ans comme la trésorière.

Le procureur tiendra contrôle des questes qui se feront à l'église les dimanches et festes solennelles, procurera la manutention de la confrérie et l'augmentation du bien d'ycelle, assistera en justice, donnera quittance et dressera les comptes de la trésorière si besoin est.

Les sœurs de ladite confrérie assisteront chacune leur jour les pauvres malades qui auront été reçus par la supérieure, leur portant chez eux leur manger et leur boire, apresté deux fois le jour, questeront tour à tour à l'église, les dimanches et festes solennelles, donneront leurs questes à la trésorière et diront au procureur ce qu'elles auront questé. Elles assisteront les premier et troisième dimanches des mois à la messe qu'elles feront dire à l'autel destiné par ladite confrérie, se confesseront et communieront à pareil jour si la commodité leur permet et assisteront à la procession ce jour-là même, qui se fera à la fin de vespres, à laquelle seront chantées les litanies de saint nom de Jésus ou de la Vierge Marie. Elles feront le même tous les ans le 14e janvier qui est la fête du nom de Jésus leur patron. Elles s'entrechériront par ensemble comme des sœurs et s'entrevisiteront en leurs maladies, assisteront en corps à l'enterrement de celles qui décéderont, feront chanter une messe haute et communieront. Elles feront le mesme à M. le curé et procureur quand ils mourront. Quant les pauvres qu'elles auront assistés viendront à mourir, elles les feront inhumer et faire dire une messe basse pour le repos de leurs âmes, le tout sans obligation à péché mortel ni véniel.

Il sera donné à chaque pauvre malade autant de pain qu'il en pourra suffisamment manger, cinq onces de veau ou de mouton à chaque repas, avec un potage et une feuillette de vin ; aux jours maigres, il leur sera donné le pain avec un peu de beurre, une couple d'œufs et un potage ; et pour ceux qui ne pourront user de viandes solides, on leur portera des bouillons et des œufs frais, trois ou quatre fois le jour.

Nous soussigné, prêtre de la mission établie à Paris, à Saint-Lazare, faubourg de Saint-Denis, certifions à tous qu'il appartiendra, que ce jourd'hui huitième jour du mois de novembre 1637, en vertu du pouvoir à nous donné par Mgr Illustrissime et Révérendissime Pierre de Villars, archevêque et comte de Vienne, d'establir la confrérie de la charité en lieux de son diocèse où nous la jugerons utile, nous, de l'autorité susdite, soubs le bon plaisir de noble Christophe de Bozas, curé dudict Saint-Vallier, et du consentement dudict lieu avons icelle confrérie de la charité establie et establissons en l'église paroissiale dudict Saint-Vallier, au dedans de la chapelle de Notre-Dame; et y avons reçu les personnes ci-dessous nommées qui ont promis d'assister les pauvres malades de ladite paroisse selon la règle ci-dessus; et le même jour procédant à l'élection des officières et procureur, ont été eslues savoir: pour supérieure, Mme Loyse de Lyonne, veuve de noble Jean de Valernod, seigneur de Fay, pour trésorière, damoiselle Jeufrine de Tours, femme de monsieur de Semons, juge dudict Saint-Vallier, et pour garde-meubles damoiselle Clarette Paradis, veuve d'Henry Desmures, et pour procureur M. Jacques Villar, capitaine et châtelain dudit lieu; lesquelles officières et procureur ont promis, moyennant l'aide de Dieu de s'acquitter duement et charitablement de leurs charges et offices.

Bret, *prieur de Saint-Vallier*; de Bozas, *curé du lieu;* Gresnus; Loyse de Lyonne, *supérieure ;* Louise Mourlet, *sous-supérieure;* Jeufrine de Tours, *trésorière;* C. Paradis-Avades, *garde-meubles* [1].

[1] *Archives de l'hôpital de Saint-Vallier.*

NOTE VIII

CANTIQUE SPIRITUEL

Mon cœur est en alarme
Dès que Jésus me quitte d'un seul pas;
S'il ne se rend point à mes larmes,
C'en est fait, j'en suis au trépas.

Venez, cher Espoux de mon âme,
Soulagez moy car je languis d'amour;
Je sens dans mon cœur une flamme
Qu'il est doux d'en brûler toujours.

Je n'en puis plus de lassitude,
J'ay parcouru tous les lieux d'alentour;
Ah! quelle triste inquiétude
Que d'aymer sans aucun retour.

Laissez-vous toucher à ma plainte,
Mon cher Espoux, je suis morte sans vous;
Fût-il jamais telle contrainte
Que d'aymer loin d'un tel Espoux.

Dites-moi, gardes de la ville,
Avez-vous vu celuy que j'ayme tant?
Son amour me rend si agile:
J'irais partout comme le vent.

Ah! je vous vois, chères délices
De tous les cœurs que vous avez touché;
A présent finit mon supplice
Doux Jésus, vous ayant trouvé.

La perte me doit rendre sage;
Je vous tiendray sans jamais vous quitter:
Vous serez vous seul mon partage,
C'est vous seul que je veux aymer.

NOTE IX

TESTAMENT DE MARIE DE VALERNOD

Vive Jésus dans notre vie et notre mort!

Je, Marie de Valernod, saine par la grâce de Dieu de corps et d'esprit, fais mon testament comme il s'ensuit :

Premièrement, après avoir prié Dieu de me faire miséricorde et lui avoir recommandé la conduite de toutes mes actions,

Je lègue la somme de deux mille livres au couvent de Saint-Vallier, des Pères du Tiers-Ordre de Saint-François, à condition que les religieux d'icelui seront obligés de faire que l'un deux dise tous les jours une messe à perpétuité, à l'honneur de la Très Sainte Trinité, selon que je déclarerai ci-après.

Je lègue et donne la somme de trois mille livres au couvent des Pères Carmes déchaussés de Grenoble, sous condition aussi d'y avoir une messe perpétuelle tous les jours à l'honneur de la Sainte Vierge, et es pour la conversion des pécheurs, comme celle des Pères du Tiers-Ordre sera pour la persévérance et perfection des justes.

Je donne et lègue à la bâtisse ou fabrique de l'église des PP. Jésuites de Grenoble, la somme de mille livres, que je veux être mise à l'intérêt et en constitution de rentes un mois après mon décès, afin de pouvoir être retirée avec les fruits lorsqu'il en faudra faire l'emploi audit bastiment, et jusqu'à ce temps là, ledit intérêt sera mis en seureté pour augmenter ladite fabrique, que sy toutes fois elle se trouvait faite avant mon décès, je veux que le présent léguat soit entièrement appliqué à la décoration de ladite église, surtout de l'autel où reposera le Très Saint Sacrement.

De même, je lègue et donne la somme de trois cents livres, à condition qu'à la diligeance et frais des administrateurs de la commune de Theys à laquelle je donne cette somme, un prêtre, duement approuvé, viendra dire la messe dans la chapelle du château d'Herculès, le premier jeudi de chaque mois, en l'honneur du Très Saint Sacrement, et dira, la messe étant finie, un *De profundis* pour les âmes du Purgatoire.

Je lègue semblablement la somme de cinquante livres au premier monastère de la Visitation Sainte-Marie de Grenoble, et supplie les religieuses de prier Dieu pour moi et pour la conversion des pécheurs.

Je lègue même somme de cinquante livres au monastère de Grenoble des religieuses de Sainte-Ursule, et leur fais la même prière que ci-dessus.

De plus, je lègue la même somme de cinquante livres à la maison de la Magdeleine des filles repenties de Grenoble, et la même somme encore de cinquante autres livres à la maison des Orphelines dudit Grenoble, desquelles les dames de la Congrégation ont soin.

Je donne et lègue aussi la somme de trois cents livres aux pauvres de Theys, qui leur seront distribuées par le sieur curé dudit lieu et l'un des conseuls. Encore, je donne et lègue aussi la somme de cinquante livres à l'église de Theys, dont je suis paroissienne, laquelle somme sera employée ou pour la décoration de l'autel où repose le Très Saint Sacrement ou pour des ornements pour la messe et les offices.

Je fais aussi léguat aux serviteurs et servantes que j'aurai lors de mon décès actuellement, et leur donne la somme de cent cinquante livres, et ladite somme de cent cinquante livres leur sera distribuée à tous par dessus leurs gages ordinaires, par esgale portion, sinon que mes filles auront le double de ce que chacun aura pour sa part.

Et parce que Jean-Claude de Tournet de Theys, seigneur d'Herculès, mon très honoré et très cher mari m'a fait espérer qu'il ferait de ses propres esfaits une fondation de religieux du Tiers-Ordre de Saint François, dans sa terre d'Herculès, j'avoue d'y avoir grande inclination ; mais comme je n'ay pas des facultés pour la faire de moy, je souhaite, afin de contribuer à ladite fondation, au cas qu'elle s'accomplisse, que les deux mille livres que j'ai léguées ci-dessus au couvent de Saint-Vallier, pour une messe perpétuelle de la Très Sainte Trinité, soient transportées au lieu de ladite fondation, avec obligation de dire cette messe à perpétuité, toutefois sans que le même couvent soit obligé de rendre aucun fruit de ladite somme si desjà il en avait perceu, mais seulement la somme capitale de deux mille livres. De mesme, au cas de cette fondation, je veux encore que les trois mille livres que j'ay léguées aux Carmes déchaussés de Grenoble soient réduites à trois cents livres, et, à cause de cette réduction, qu'ils ne soient obligés à dire chaque mois qu'une messe et le premier samedi à l'honneur de la Sainte Vierge, au lieu de celle que je les obligeais de dire tous les jours; et en ce cas de réduction, les deux mille sept cents livres qui resteront seront lors employées pour augmenter la fondation que fera Monsieur d'Herculès, et la rendre plus commode, et afin d'accroître encore ce fonds de deux mille livres que j'y transporte pour la messe de la Sainte Trinité. Comme aussi s'il arrive que cette fondation se fasse, je veux pour contribuer à la rendre meilleure que lesdits RR. PP. du Tiers-Ordre aient les trois cents livres que j'ai léguées ci-dessus, pour avoir tous les premiers jeudis de chaque mois une messe au château d'Herculès, et qu'en y disant cette messe, la communauté de Theys leur remette ladite somme et se décharge de trouver un prêtre pour y satisfaire.

J'institue mon héritier universel au reste de mes biens ledit sieur d'Herculès, mon espoux, et veux qu'il paye mes deptes et léguats susdits, à savoir : les deux premiers dans deux mois après mon décès, et au cas qu'il n'aurait pas la commodité de les payer si promptement, ce sera dans un an après mon décès et même plus tard, selon que ses affaires pourraient le contraindre de différer, après lesquels deux mois pourtant l'intérêt commencerait de courir au denier vingt sans autre interpellation, et quant aux mille livres des RR. PP. Jésuites, il en sera comme j'ai déjà déclaré et ordonné ci-dessus.

Et au cas que je laissasse quelques debtes, ce que je ne crois pas, n'en ayant aucune maintenant, les premiers fruits des susdits léguats seront pris pour les acquitter, et fidèlement employer seulement pour l'acquit desdites debtes que je pourrais avoir faictes, et après, l'intérêt desdits léguats commencera de courir comme j'ay desclaré ci-devant. Pour mes autres léguats, ils seront payés seulement un an après mon décès, sinon ceux que j'ay faits aux pauvres et à mes domestiques, désirant qu'ils soient payés le plustôt qu'il se pourra, pour soulager promptement la misère des uns, et pour recognaitre le service des autres.

J'ordonne qu'après le décès de mon dit héritier, les biens compris en son institution soient par luy rendus sans aucune restitution de cette partie à la fondation des RR. PP. du Tiers-Ordre de Saint François laquelle il m'a fait espérer de faire partie aux RR. PP. Jésuites de Grenoble, savoir deux mille liv. aux RR. PP. de Saint François, afin que leur fondation se trouvant augmentée d'autant, ils puissent y avoir ou leur escole de théologie, ou leur noviciat, et catéchiser, prescher et confesser et célébrer la sainte Messe avec plus de commodité et d'assiduité. Pour le reste desdits biens que j'estime devoir aller à cinq mille livres, ils seront, outre le léguat que je leur ai fait cy-dessus, pour les RR. PP. Jésuites de Grenoble, à condition qu'ils entretiendront deux missionnaires, lesquels, suivant l'ordre de leurs supérieurs, iront par la campagne prescher, catéchiser et confesser, à la plus grande gloire de Dieu, à qui je desdie mes biens.

Que si la fondation des RR. PP. du tiers ordre de Saint François ne se fait point, soit qu'ils ne veulent ou ne puissent l'accepter, soit pour quelqu'autre subject, alors les léguats des RR. PP. du Tiers-Ordre de Saint François de Saint-Vallier, et des RR. PP. Carmes déchaussés de Grenoble demeureront en leur estat, et les religieux desdits couvents y diront les messes que j'ai marquées, même parce que les deux mille livres que j'ai léguées aux RR. PP. du Tiers-Ordre de Saint-Vallier ne semblent pas suffire pour une messe tous les jours perpétuelle, je veux que des deux mille livres que je donnais à la susdite fondation après le décès de mon mari, il leur en soit donné mille livres qui resteront pour les RR. PP. Jésuites de Grenoble, pour l'entretien des missionnaires et les frais de leurs missions, afin que le peuple n'en soit pas surchargé, et que libre de tout soin et de toute dépense, il retire plus de fruits de leurs instructions.

Pour le payement de toutes ces sommes, que je lègue et donne à ces trois susdites maisons religieuses, je veux que mon héritier leur donne des fonds bons, liquides et non embarrassés et instringués, et de même pour les cent écus que je donne pour la messe de la chapelle d'Herculès, afin que ces fonds demeurent stables, les choses aussi que j'exige soient exécutées plus volontiers et plus constamment.

Pour les deux frères que Dieu m'a donnés je ne leur donne ni lègue rien, l'un étant religieux qui comme tel par conséquent n'a pas besoin de mes biens, et qui mesme est incapable de succession ; l'autre ayant eu déjà de moy, par la seule considération de nostre amitié, la moitié de l'héritage de feue ma mère ; c'est pourquoi je le prie de se contenter de cela et de trouver bon que je révoque tout autre testament que je pourrais avoir fait à son avantage. Que si les lois, ou quelqu'autre statut ou légitime usage m'obligeait de donner quelque autre chose, afin que mon testament fût valable, à mon frère le sieur de Valernod de qui je viens de parler ou à mes autres parents, je leur donne et lègue, en ce cas et non autrement, ce que les lois prescrivent là-dessus, les suppliant d'agréer que le peu de biens que j'ay soient employés pour le service et la gloire de Dieu, de quy je les tiens.

Ceci est mon testament dernier, révoquant tout autre que je pourrais avoir fait avant celui-cy, et en particulier cassant et annulant celuy que j'avais fait en cette ville, le 27e novembre 1647, où ces mots sont insérés à la fin : *Mon Dieu, mon divin Amour, je vous aime de l'amour duquel vous vous aimez vous-même ;* ne voulant point qu'il ayt aucun esfait, mais voulant que celuy-cy soit ma dernière disposition et absolue volonté, révocquant même tout autre que je pourrais faire après celui-ci, et le déclarant de nul esfait, s'il n'est tout escrit de ma main comme celuy-cy, et que les mots suivant : *Loué soit le Très Saint Sacrement de l'autel*, n'y soient insérés et immédiatement avant mon seing, que j'ay mis au-dessus et au bas de chaque page, déclarant derechef que cecy est ma dernière disposition, que je veux valoir comme testament solennel nuncupatif, donation à cause de mort, fondation, codicille, soit par toute autre meilleure voie de droit, car j'y ai meurement pensé.

Je nomme pour exécuteurs de ma présente disposition M. de Lionne mon très honoré oncle, et M. Guérin, le conseiller, mon très cher cousin, ou l'un d'eux premier requis, et à leur défaut M. le conseiller de Leyssin, mon cher cousin, et M. de Valernod, mon très cher frère, lesquels je supplie humblement de prendre la peine de faire accomplir ce que j'ay ordonné, supplie aussi mes parents d'agréer cette mienne disposition que j'ay entendu de faire à la plus grande gloire de Dieu ou à son plus grand honneur, prie encore tous les seigneurs et magistrats de justice de prêter la main à son exécution, soit que mon seul objet a été le service de Dieu et le bien public.

Je n'ay rien ordonné touchant mes funérailles, parce qu'ayant toujours désiré de me soumettre aux volontés du mary que Dieu m'a donné pour supérieur, je veux encore lui laisser entièrement ce soin, le priant au nom du même Dieu, de ne faire aucune pompe à mon enterrement, mais de me faire enterrer comme une pauvre, aimant de beaucoup mieux que les frais qui se feraient pour des honneurs mondains soient convertis en bonnes œuvres.

Je supplie très humblement mon confesseur au cas qu'on trouvât quelque cause de nullité dans le mien testament, de desclarer ma volonté, et le charge de le faire nayvement et sincèrement, à la façon que je l'ay déclaré dans cette mienne et dernière disposition, afin qu'elle soit fidèlement exécutée, à la plus grande gloire de Dieu et selon la pure intention qu'il m'en a donnée pour son amour. En foy de quoy et de tout ce que j'ai escrit cy-dessus, après avoir protesté que toutes mes prétentions sont d'accomplir sa plus agréable et divine volonté, pour vivre et mourir bonne chrétienne, après avoir loué le Saint Sacrement de l'autel, je me suis soussignée :

MARIE DE VALERNOD.

Fait ce douzième décembre mil six cent cinquante et un, dans la maison où M. le conseiller Guérin habite, à Grenoble.

MARIE DE VALERNOD.

Ce mien testament contient huit pages, y compris cette icy que j'ay toutes écrites de ma main.

MARIE DE VALERMOD.

Au nom et à la plus grande gloire de Dieu.

Comme ainsy soit permis à un chacun d'adjouter ou diminuer à son testament par codicille ou autrement, à ces causes, Je, Marie de Valernod, étant mémorative d'avoir fait mon testament solennel au mois de décembre dernier, reçu par maistre Jacques du Four, notaire de cette ville, le quatorzième dudit mois, ay voulu faire le présent codicille en la forme qui s'ensuit, que parce que lors ne me ressouvenant pas bien des sommes dont j'avais à disposer, je me suis méprise en la somme de mille escus ; je retranche cette dite somme sur ce que j'ay donné aux Révérends Pères du Tiers-Ordre pour leur fondation dans Herculès, ou bien au cas que cette fondation ne se fasse point, sur ce que j'ay donné par le même testament aux Révérends Pères Jésuites de Grenoble pour l'entretien des missionnaires, voulant la déduction de cette somme estant faite et laissée à quy il appartient, qu'ils jouissent du restant de ce que je destinais auxdites missions sans les obliger à autre chose, sinon d'aller quelquefois aux bons jours de fêtes, prêcher et catéchiser en la campagne. Voulant au surplus que mon dit testament porte son plein et entier esfait, et que le présent codicille soit exécuté selon sa forme et teneur, valant pour toute sorte de droits que mieux pourra valoir.

Fait à Grenoble par moy qui l'escrit et le signe de ma main, ce 4 septembre 1652.

Marie de Valernod.

Dépôt du testament chez le notaire du Four, le 4 décembre 1651...

Laquelle m'a exhibé la présente carte de papier cousue d'un ruban de soie bleu et cachetée de son cachet en dix endroits de chaque côté, auquel est gravé un M. En présence de messire Benoît Deschenaux, prêtre et confesseur des dames de Sainte-Ursule de cette ville, messire Gaspard Deschenaux, aussi prêtre audit Grenoble, sieur Jacques Chabert, marchand audit Grenoble, sieur Estienne Chabert, marchand apothicaire, messire Jean Bard, prêtre habitué en l'église de Saint-André de Grenoble...

Fait et publié à Grenoble, dans le logis de dame Laurence de Ferus, dame de Granieu, situé en la place Saint-André [1].

[1] *Archives de l'Isere.*

NOTE X

MÉMOIRE DES LÉGATS ET AUTRES CHOSES A EXÉCUTER SUIVANT LE TESTAMENT DE DAME MARIE DE VALERNOD, PREMIÈRE FEMME DE M. D'HERCULAIS, DÉCÉDÉE EN MAI 1654, ET SON TESTAMENT SOLENNEL, FAIT EN 1651.

A légué aux religieux du Tiers-Ordre de Saint-Vallier, 2,000 livres et substitué encore 1,000 livres pour la fondation d'une messe tous les jours en l'honneur de la Sainte Trinité.

Aux Carmes de Grenoble, 3,000 livres, aussi pour une messe tous les jours en l'honneur de la Sainte Vierge.

Aux Jésuites de Grenoble, 1,000 livres et outre ce substitue encore 5,000 livres pour la batisse et décoration de leur église, où ladite dame est enterrée, dans une caisse de plomb, en la chapelle à main droite du dôme [1].

A la communauté de Theys, 300 livres à la charge de faire dire tous les premiers jeudis de chaque mois une messe dans la chapelle du château d'Herculais,

[1] Ces trois articles ont été réglés et payés par trois transactions des 9 et 10 avril 1654, passées par feu M. d'Herculais avec les religieux du Tiers-Ordre, les Jésuites et les Çarmes.

en l'honneur du Saint-Sacrement, avec un *De profundis* pour les âmes du Purgatoire[1].

Aux pauvres de ladite paroisse de Theys, 300 livres distribuables par le sieur curé et un des consuls[2].

A l'église de Theys, 50 livres pour la décoration de l'autel[3].

Au couvent de Sainte-Marie-d'en-Haut, 50 livres.

A celui de Sainte-Ursule de Grenoble, 50 livres[4].

Aux Repenties, 50 livres.

Aux Orphelines, 50 livres[5].

A ses serviteurs et servantes, actuellement servants, à son décès 50 écus[6].

Les funérailles à la discrétion de l'héritier qui était feu M. d'Herculais[7].

[1] La communauté ne s'étant pas chargée de ce fond, on fait faire le service ordonné par cet article dans la chapelle du château d'Herculais.

[2] Ce legs a été compris dans celui de plus grande somme fait aussi aux pauvres, par feu M. d'Herculais.

[3] Item.

[4] Payés par quittance de main privée, le 13 août 1654.

[5] Payé les 13 et 14 août 1654.

[6] Feu M. d'Herculais a satisfait à cet article par distribution.

[7] M. d'Herculais a de même satisfait largement et magnifiquement à cet article. — *Archives de l'Isère*.

NOTE XI

CONTRACT DE FONDATION DU CHŒUR DE L'ÉGLISE DES RR. PP. JÉSUITES, PAR M. LE PRÉSIDENT DE L'ALBENC.

Au nom de Dieu et de la glorieuse Vierge Marie, sa mère, soit ainsi, que l'an 1660 et le 2e jour du mois de juillet après midi, par devant Abel Lavorel, notaire royal, garde-notes héréditaire de la ville de Grenoble soussigné et présent, les témoins ci-bas nommés furent présentés en leur personne : le R. P. Laurent Grannon, provincial de la Compagnie de Jésus en la province de Lyon ; le R. P. Bertrand Bras, recteur de la maison et collège de la même Compagnie dans cette ville, et le R. P. Claude Mercier, de la même Compagnie, scindic dudit collège, lesquels, suivant les conclusions et résolutions de leur Compagnie pour la gloire de Dieu et avancement de son service, désirant bâtir dans la présente ville de Grenoble, joignant à leur collège ; pour y parvenir, ils se seraient adressés à M. Jean Du Vache, seigneur et baron du Chasteau-Neuf de l'Albenc, Buran, Merins, Vattilieu, Monteynard et autres places, chevalier, conseiller du roi en ses conseils d'Etat et son président en la Chambre des comptes et Cour des finances du Dauphiné, notable bienfaiteur dudit collège, lequel aurait reçu les conclusions et résolutions desdits RR. PP. avec joie, ensuite donné ses soins pour travailler à ladite église, et ouvrir les fondements tels qu'ils sont à présent pilotés, la plupart remplis de maçonnerie jusques à fleur de terre, notamment ceux du chœur de ladite église qui sont entièrement achevés, lesquels ledit seigneur de l'Albenc a fait faire à ses propres frais et dépens, ce qui oblige lesdits RR. PP. à reconnaître par leurs prières à perpétuité les bienfaits dudit seigneur de l'Albenc auquel ils ont offert la qualité de fondateur du Chœur de ladite église, afin de participer avec plus de fruit à toutes les prières, sacrifices, communions et autres bonnes œuvres qui se feront à perpétuité dans ladite église, comme aussi à toutes les bonnes œuvres, prières, sacrifices et austérités auxquelles les constitutions desdits Révérends Pères Jésuites les obligent envers leurs fondateurs et leurs héritiers à perpétuité, en tout leur Ordre, avec pouvoir de mettre ses armes en tous les endroits dudit chœur que bon lui semblera, ensemble de faire construire une voûte au-dessous d'icelui chœur ou plusieurs, pour y estre inhumés ensemble ses héritiers et successeurs quelconques dudit seigneur de l'Albenc, fondateur dudit chœur, et de dame Françoise Fustier de la Rochette, sa femme, à perpétuité, mesme et par exprès le corps de la feue dame d'Herculais sera porté dans les voûtes dudit chœur, attendu la vénération que ledit sieur président de l'Albenc a pour la mémoire de ladite feue dame d'Herculais, suivant les constitutions desdits RR. PP... dans lesquelles voûtes lesdits RR. PP.

seront inhumés aussi à perpétuité. Tout quoi ledit seigneur président de l'Albenc a accepté, avec promesse de rendre ledit chœur de ladite église et sépulcres susdits faits et parfaits à ses couts et dépens, suivant l'ordre d'architecture, grandeur, largeur et hauteur qui est tracée et marquée dans le dessin et modèle qui a été paraphé et signé par Me Jacques Froment, notable de cette ville, et ainsi qu'il a été convenu par les contrats et prix faits, lesquels ledit seigneur payera à proportion d'œuvre et que le chœur s'élèvera. Ensuite de laquelle acceptation et promesse faite par ledit seigneur de l'Albenc, lesdits RR. PP. Grannon, Bras et Mercier ont présentement reconnu et reconnaissent ledit seigneur président pour fondateur dudit chœur de ladite église, avec promesse de le faire jouir des droits dus et attribués à leurs fondateurs, le rendant participant et ses sieurs héritiers et successeurs quelconques conformément à leurs attributions, de toutes les prières, sacrifices, austérités et droits attribués à leursdits fondateurs; promettant de rapporter lesdits RR. PP. dans trois mois à compter de ce jour, la ratification, consentement et approbation des présentes du R. P. Général de leur Ordre; et ledit seigneur président d'accomplir ses promesses à peine de tous dépens, dommages et intérêts... Ainsi passé sous les obligations, soumissions, renonciations et clauses requises et nécessaires, fait et récité à Grenoble dans l'hostel dudit seigneur président de l'Albenc, en présence du sieur Antoine Guerre, praticien de ladite ville, de Jean Chesne, pâtissier, et de sieur Nicolas de Senteny, du lieu de Corbel, habitant audit Grenoble, témoins requis, signés avec lesdits RR. PP. et seigneur de l'Albenc. Ainsi à la minute : Laurent Grannon, Bertrand Bras, Claude Mercier, Du Vache de l'Albenc, de Senteny, Guerre et moy notaire royal.

LAVOREL, *notaire.*

Collationnée à son expédition originale exhibée et à l'instant retirée par le R. P. Morin, syndic dudit collège, pour servir à ce que de raison, ce 5 sept. 1660.

Le 18e du mois d'août 1660 avant midi, par devant moi dit notaire royal soussigné et présents les témoins ci-bas nommés s'est établi en personne ledit seigneur de l'Albenc, lequel sur la remontrance à lui faite par les RR. PP. Jésuites, sur l'opposition que formait Monsieur d'Herculais au transport du corps de la feue dame d'Herculais sa femme, le corps de laquelle il désirait reposer au lieu où il estait et y faire construire une chapelle à ses frais, ce qui ôtait le moyen auxdits RR. PP. d'effectuer la promesse par eux faite audit seigneur de l'Albenc par le contrat et fondation ci-contre, ce qui les aurait obligés à supplier ledit seigneur de vouloir continuer ses bienfaits conformément au contrat de fondation, de leur part, adresseront à perpétuité des vœux au ciel et satisferont à toutes les prières dues à la qualité de fondateur dudit chœur de ladite église, c'est ce qu'il lui plaise se départir de la concession qui lui avait été accordée de transférer le corps de ladite dame d'Herculais dans le chœur de ladite église ; à quoi ledit seigneur de l'Albenc, pour la plus grande gloire de Dieu, y a consenti, et s'est departi de ladite concession pour ne donner aucun obstacle à la construction de ladite église, ayant à ses fins requis moi dit notaire en dresser le présent acte, ce que j'ai fait à Grenoble dans l'hôtel dudit seigneur de l'Albenc, en présence de noble Jean-François du Monet, sieur Doussins, et de sieur Pierre Le Roux, habitants audit Grenoble, témoins requis...

Bertrand Bras, recteur, Du Vache de l'Albenc, Doussins, Pierre Le Roux, et moy dit notaire royal.

LAVOREL, *notaire* [1].

[1] *Archives de l'Isère.*

NOTE XII

POÉSIE DE SALVAING DE BOISSIEU, SUR Mme D'HERCULAIS

P. M.

ET ÆTER. MEM.

Mariæ de Valernod, Dom. d'Hercules, quæ post receptam miraculo sanitatem perpetuum ipsa consummatæ sanctitatis miraculum fuit; quippe florem ætatis et formæ decus oblita, incredibili erga Deum pietate, erga omnes charitate, in scipsam odio exquisitis afflictationibus exasperato, vitam intra conjugii fœdus cœlo quam terra propiorem tamdiu vixit, donec ad cælestem Sponsum inexplicabili amore succensa ex corporis vinculis evolavit, ætatis anno XXXIII, salutis MDCLIV, III Kal. Jun.

A la mémoire éternelle de Marie de Valernod, dame d'Herculais. Miraculeusement rendue à la santé, elle fut elle-même un miracle perpétuel de sainteté consommée. Dans la fleur de l'âge, méprisant les avantages de la jeunesse et de la beauté, on ne saurait croire qu'elles furent sa piété envers Dieu, sa charité pour tous, sa haine pour elle-même qu'elle entretenait par des mortifications inouïes; elle mena dans les liens du mariage une vie plus céleste que terrestre; jusqu'à ce que consumée d'un amour inexprimable, elle s'envolât de la prison de son corps vers son céleste Epoux, la 33e année de son âge, du salut la 1654e, le 3e jour des calendes de juin.

I, felix anima, et cœlestibus addita divis,
Intuitu Sponsi pascere sponsa tui :
Par fuit, ante tuos annos rapereris ab illo,
Ausus amor toties quem rapuisse tuus.
Par fuit, æquales essent ætatibus ambo,
Quos sacer æterno fœdere junxit hymen.

Votum ejusdem Mariæ de Valernod, cum incisâ brachio lævo cruce, cor suum amore Christi saucium profluente sanguine delinearet.

Crux mea, crux ferro nostris impressa lacertis,
Aptius in nostro corde recisa fores.
Fallor ; ab hoc sanguis manat qui vulnere, nostri
Utilior cordis pingere vulnus erit.

Heureuse âme, allez! et dans la compagnie des célestes esprits. épouse, rassasiez-vous de la vue de votre Epoux. Il était juste qu'il vous ravit avant le temps, lui que votre amour si souvent avait osé ravir. Il était juste qu'il eussent une vie d'égale durée, ceux qu'un hymen sacré avait uni pour l'éternité!

Aspirations de la même Marie de Valernod, lorsqu'après avoir gravé une croix sur son bras gauche, elle dessinait, avec le sang qui en découlait, l'image de son cœur blessé de l'amour de Jésus-Christ.

O ma croix! ô croix que le fer a imprimée sur mes bras! C'est bien plutôt dans mon cœur que vous devriez être gravée! Mais non! de cette blessure coule un sang qui servira bien

Non dolet hoc vulnus, sed quæ tibi, Christe, scelesti
Vulnera fecerunt, hæc mihi. Christe dolent.
Ah mihi si liceat, confestim membra paterent,
Tot mea vulneribus, quod tua, Christe, patent.
Hinc latus, inde pedes, hinc utraque palma nataret
Sanguine, spina meo vertice densa foret.
Saltem perpetiar, liceat tot corde dolores
Christe, tot ærumnas hac ego parte feram.

EPIGRAMMA

De eadem, quum subditæ manibus flammæ cruciatum diutissimè sustineret.

mieux à peindre la blessure de mon cœur. Ce qui me fait souffrir, ce n'est pas cette blessure, mais les blessures que des scélérats vous ont faites, ô Christ; oui, ce sont elles, ô Christ, qui me font souffrir. Ah! si ce bonheur m'était donné, à l'instant mes membres seraient déchirés d'autant de blessures que les vôtres, ô Christ. Voici mon côté, voilà mes pieds, voici mes mains : le sang les inonderait; une épine aiguë percerait ma tête. Du moins que je puisse souffrir dans mon cœur autant de douleurs, ô Christ, que je puisse y endurer autant de tristesses!

ÉPIGRAMME

Sur la même, mettant ses mains au-dessus du feu, et supportant très longtemps ce tourment..

Ardentem manibus teneris dum subderet ignem
Herculia in pœnas ingeniosa novas.
Concipe, dicebat, majores flamma calores,
Acrius in nostro pectore flagrat amor.

De eâdem, cum amaritudinem cibo aloe intermistâ conciliaret.

Ingratis aloes succis dum temperat escas,
Et natat in tristi felleus ore sapor.
Quanta serenatam pertentant gaudia mentem;
Scilicet ambrosiis roribus illa madet.

De eâdem, cum foliis urticæ lectum substerneret.

Ses mains délicates placées sur un feu ardent, Marie d'Herculais, ingénieuse à trouver de nouvelles peines, disait : Redouble ta chaleur, ô flamme, plus vif est l'amour qui brûle dans mon cœur.

Sur la même, mêlant à sa nourriture l'amertume de l'aloës.

Le suc amer de l'aloës assaisonne sa nourriture, et dans sa bouche pénitente se répand la saveur du fiel. Mais quelle sérénité quelle joie inonde son âme! C'est comme une douce rosée qui la rafraîchit.

Sur la même, semant son lit de feuilles d'ortie.

Urticæ foliis dum circumfusa jaceret,
Et teneram mordax pungeret herba cutem.
Sponse veni, dixit, nostris hæsure lacertis,
Extruxi thalamun qui tibi gratus erit.

De eâdem, cum lecticâ quâ ferebatur in præcipitia delatâ, ipsa eodem mentis statu, præsentissimum Deum haberet.

Dum ruit in præceps flexu lectica viarum,
Immotâ stabilis mente Maria cadit.
Scilicet ancipitis cui mens est nescia lapsus,
Præcipiti nescit pertimuisse loco.

De ardore febris, et amoris Divini quo succensa interiit.

Tandis qu'elle était couchée parmi les feuilles d'ortie et que les aiguillons de cette herbe perçaient sa chair délicate : Venez mon Epoux, disait-elle, venez reposer dans mes bras : la couche que je vous ai préparée vous sera agréable.

Sur la même, lorsque sa litière tomba dans un précipice, sans qu'elle-même perdit sa tranquillité d'âme ni la présence de Dieu.

Sa litière roule dans le précipice, au détour du chemin : Marie tombe, mais son cœur n'en est point ému. Son cœur ne sait ni chanceler, ni tomber : quelle crainte lui pourrait inspirer un précipice.

Sur la fièvre et l'amour divin dont l'ardeur causa sa mort.

Hinc amor, inde febris certant ardoribus æquis,
Artubus hæc, menti vim facit ille piæ.
Tandem vicit amor; dum frigent corporis artus,
Libera mens Sponsi flagrat amore sui.

De piâ controversia, quæ fuit inter canonicos B. Mariæ et Patres Societatis Jesu de sepelienda Maria Valernodia.

Esse tuam clamas, Ædes Mariana, Mariam;
Esse tuam Jesu nomine dicta domus.
Lis animosa pio certamine discidit urbem;
Deduci Sponso debuit illa suo.

L'amour et la fièvre luttent avec une égale ardeur : l'une dans ses membres, l'autre dans son cœur, ils font violence à la pauvre femme. L'amour enfin l'emporte; et tandis que se glacent les membres de son corps, son cœur brûle en liberté de l'amour de son Epoux.

Sur la pieuse querelle qui divisa les chanoines de Notre-Dame et les Pères de la Compagnie de Jésus au sujet de la sépulture de Marie de Valernod.

Marie vous appartient, criez-vous, temple de Marie; elle vous appartient, maison dite de Jésus. Procès animé, pieux combat qui divise la ville. C'est à son époux qu'il fallut la remettre[1].

---

1. In-4° de 4 pages, cartonné, avec ce titre : MARIE DE VALERNOD. — Catalogué sous la lettre L[27] et sous le n° 19,974, *Bibliothèque nationale*.

NOTE XIII

MARIÆ VALERNODIÆ
JOANNIS CLAUDII TORNETII ERCULESII
TOPARCHÆ

Uxori.

Pro epicedionio pæan.

Este procul lacrymæ indecores, suspiriaque alto
Ducta sinu ; procul este gravi malè mersa dolore
Pectora ; degeneresque alibi spargentia questus,
Parcite felicis cineres temerare sepulchri.
Non hic uda genas ululavit prœfica ; non hos
Mœsta fatigavit singultu funera manes,
Confuditve solo sparsim, sacra marmora propter,
Infelix apium cum ferali cyparisso.
Quin Elegi imbelles altum silvere, neque isthæc
Per delubra gemens incendit Nœnia luctum :
Compta sed heroo micuerunt carmina cultu,
Totaque congesta latuit sub Daphnide moles.
Quam circum effusi lato juvenesque, senesque,
Atque omnis procerum mixto cum sanguine plebes
Certat inexhausto florum conspergere nymbo :
Nobilium florum, si quos ver educat almum,
Fœcundum halantis si quos beat aura Favoni,
Si quos subter alens fœtæ fovet ubere glebæ
Flora potens hortorum, et cœli roribus humens.
Purpureas hic lacte rosas nova lilia fucant,

Et pubentem hyacintum, et luteolos narcissos.
Hic ardentem hebetans pretioso stamine coccum
Mentitur densos Lyparæ ranunculas ignes.
Hic provecta licet, senioque urgente, tulippa,
Versicolore tamen regina superbit amictu,
Exortamque refert pluviis sub nubibus Irim.
Extincto flori florum sic strage parentant
Inque artus fido obsequio virtutis odoros
Munera prompta serunt ab odoriferis calathiscis.
Sed quam divitior subvecta mente triumphus!
Quam sacra, terrigenûm quam non polluta veneno,
Informis quam nulla trahens contagia sœcli,
Fuit Olympiaca gavisa ad numina pompa!
Cœlicolas, hominum primori ex ordine lectos,
Obviaque Aligerum toto procu læthere signa,
Fertur ad occursum Nymphæ, thalamosque verendos,
Cœlituum, atque hominum radians excisse tyrannus.
Haud mora: proripuere poli se sedibus almis
Pars superûm, et bifores latè patuêre tremendi
Regis ad imperium valuæ, sonitumque dedère.
Augustæ, immanes, cedro septemplice fictæ,
Aspre chrysolitis, inscriptæ ingentia verba
Dexter habet postis, *supremum dilige numen*;
Et propter numen nullos non dilige, lœnus,
Hæc scintillanti surgunt sacra scita pyropo,
His unis vincas aditûs, arcisque beatæ
Fulgida gemmato subeas pomæria cinctu.
Ilicet excedunt: almo Pœana parenti
Victricem ob Nympham, et jam non dubios hymenœos
Lene sonante cheli, et tremulis concentibus orsi.

Ante alios properant pubes invicta periclis,
Sponte cruentato velati corpus amictu,
Queis pulchras animas magno pro nomine Jesu,
Contigit efflasse, et summos hausisse dolores.
Tum Mystæ egressi, bombix hyacinthina, et auro
Divite consertis densè virgata hyacinthis
Quos tegit, ac puram rutilat super addita byssum.
Dein se Virgineæ pulchro dant ordine mentes,
Sordibus insanæ turba intemerata Diones,
Et sponsum, eximium sponsum quocumque sequutæ
Intulerit gressus, æthræve innarit apertæ.
Ollis fusa super tunicas it palla talares,
Et niveos textus argento illusa renidet,
Quam premit ubertim incumbens adamantina grando
Tanta per angustos aditus, tam florida pubes
Effundit sese, et campos transmissa liquentes
Excipit admissam Christi ad connubia Nympham.
Ille choros super, auricomo se vertice tollit,
Et charas secum longo trahit agmine mentes ;
Ambrosio nevit cui raram ex æthere vestem
Ipsamet artifici famulans Natura labore,
Subtilique colo fila immortalia duxit.
Cœrulei subtus tunicam de stamine cœli,
(Quam circum attextus stellatim candicat ignis)
Ex viridi, et glauco bicolor vetat hiscere nodus.
Fasciaque ampla super (Christo donavit habendam
Hanc supremus amor) Seris de vellere rami
Obscurante nivem fluitat par lactea colla
Perque armos ; roseo tingunt quam sanguine gutta,
Hunc se oculis dat Dius amans, hac luce coruscat.

Qui simul humana Nympham compage solutam
Adspexit, simul in teneros effusus amores
Complexu fovet, et verbis blanditur amœnis.
En ades O! prœscripta solo dum munera obires.
Longum optata mihi ; sed magni effata Parentis
Obstabant, durosque prius superasse labores
Par fuerat, quam mole carens regnisque, torisque
Inveherere meis, atque his implexa lacertis
Dia per æternos libares oscula soles.
Tantum effatus, et ore novos afflabat honores,
Atque omnem insolito spargebat sidere Nympham.
Illa autem : Nam quis te hominum superûm que
Quis te (Dive) meo tam longùm invidit amori, [voluptas
O mea lux, mea chara salus, mea gloria Christe,
O Deus, ô stricto mortalibus addite vinclo
Ut vitam hanc post fata dares ? Nec plura, sed ultro
Tollitur et Regis fragrantibus insilit ulnis.
Is tenero infusam gremio, tecta aurea præter,
Cœrula pensilibus quorum laquearia stellis.
Flammant, et roseæ cingunt latera ardua nubes,
Molle premens, Patris ad sedes adsportat, ubi illam
Mille per illecebras æterno pascat amore,
Imaque mellifluæ reseret penetralia mentis
I præclara anima, et felicibus utere fatis :
Actutum i : pete sacra adyta, et te cordis amati
Jam regina infer mediam, jam Diva latebris.
Utilis et nostræ cura est tibi si qua saluti,
Da facile immeritis Numen, precibusque invatos
Impare, sed simili tecum fac forte potiri.

P. Boessatius.[1]

[1]. *Biblioth. de Grenoble. O. 7316.*

PROSOPOPÉE
DE JÉSUS-CHRIST NOTRE-SEIGNEUR
SUR LE TOMBEAU DE MARIE DE VALERNOD

La terre sous mes pieds n'est qu'un fresle escabeau;
Les mœurs de ses enfans sont toutes criminelles ;
Et je m'y fais pourtant des espouses fidelles,
Qui sçavent s'embraser d'un céleste flambeau.

En l'âge où mon amour me fit mourir pour elles,
Celle de qui la cendre est close en ce tombeau,
Trouva mon feu si pur, si charmant et si beau,
Qu'elle en quitta pour moi ses dépouilles mortelles.

O ! vous, à qui sa mort cause tant de douleurs,
N'apportez pas ici ces plaintes, ni ces pleurs,
Qui font voir aux mortels le trouble de vos âmes ;

Vous blesseriez l'honneur de mon auguste cour.
Apportez-y plutot de l'encens, et des flammes ;
C'est l'autel ou j'ay mis ma victime d'amour.

STANCES ADRESSÉES
AUX RESTES DE MADAME D'HERCULAIS

Sacrés restes d'un tout cher à nostre mémoire,
Qui portastes vostre âme au trône de la gloire

Par un chemin bien court, mais bien laborieux :
Vos effects inouis ne nous sçauraient surprendre,
Si vous nous eschauffez de mouvemens pieux,
Le pouvoir vous en vient des cieux,
Et c'est d'un feu divin que vous este la cendre.

Vous viviez oppressés sous l'empire d'un cœur,
Qui contre vos beautés animant sa rigueur,
Fit vostre servitude en souffrances féconde ;
Le zèle de ce cœur vous fait perdre le jour
D'une mort qui n'a point, n'y n'aura de seconde,
Et seuls vous avez dans le monde
L'honneur d'estre destruits des seules mains de l'amour

Quel torrent de bonheur vostre adorable maistre
Joindra-t-il quelque jour à vostre premier estre ?
Quelle beauté céleste accroîstra vos beautés ?
Et sur quel char pompeux de cristal et de flamme,
Voyant estinceler de nouvelles clartés
Tous vos attraits ressuscités,
Ferez-vous pardonner ses rigueurs à vostre âme ?

Vous languistes sous elle, et fustes icy bas
La butte de ses coups, le champ de ses combats,
L'objet de ses mespris, l'organe de son zèlle :
Il est de la grandeur de son divin Espoux
Qu'au rang des séraphins, où sa bonté l'appelle
Vous soyez rejoints avec elle ;
Puisqu'il en daigna faire un séraphin chez vous.

P. de Boissat.

NOTE XIV

VISITE DE MONSEIGNEUR LE CAMUS A THEYS

14 Septembre 1672. — Il y a une chapelle au château d'Herculès, bâtie contre ledit château, laquelle est en bon état, tapissée et bien tenue, avec quatre chasubles, devant d'autel, trois aubes fort belles et riches, un calice, patène, burettes, l'image d'une Vierge, piédestal et bassin, le tout d'argent. Le seigneur qui est patron nommera un recteur dans six mois, faute de quoi, il y sera pourvu. Il y a six écus de revenu annuel qui ont été donnés par la feue dame d'Herculès, qui a fait un testament, par lequel outre la susdite fondation a fait beaucoup de légats pieux. Elle est morte en odeur de sainteté...

LIONS [1].

[1] *Archives de l'évêché de Grenoble.*

NOTE XV

CONCESSIONS ACCORDÉES AUX RR. PP. JÉSUITES PAR MONSEIGNEUR L'ÉVÊQUE DE GRENOBLE

Jean de Caulet par la miséricorde de Dieu et la grâce du Saint-Siège Apostolique, évêque et prince de Grenoble, doyen du Décanat de Savoie, abbé de Saint-Martin-de-Miseré et de Notre-Dame de Chartrisse, conseiller du Roy, etc.

Au père Recteur du collège des Jésuites de cette ville, salut et bénédiction en Notre-Seigneur Jésus-Christ. Nous vous permettons d'ériger dans votre église une confrérie d'associés de tous les états et sexes, en l'honneur du Sacré-Cœur de Jésus. Nous accordons aux frères et sœurs associés en ladite confrérie qui s'étant confessés recevront la Sainte Communion en votre dite église, le premier vendredi de chaque mois, et le jour de la fête principale que nous fixons au vendredi d'après l'octave du Très Saint Sacrement de chaque année, quarante jours d'indulgences. Nous permettons de donner la bénédiction du Saint Sacrement à la fin des prières et de l'amende honorable, que vous ferez sur le soir en votre dite église, les premiers vendredis de chaque mois. Exhortons les associés à se rendre avec exactitude et dévotion à ces pieux exercices.

Donné à Grenoble, en notre palais épiscopal, le trois juillet mil sept cent vingt-sept.

L'Évêque de Grenoble

par Monseigneur

Delorme, *secrétaire* [1].

[1] *Archives de l'Isère.*

NOTE XVI

BULLE DE NOTRE SAINT PÈRE LE PAPE BENOIT XIII, POUR L'ÉTABLISSEMENT DE L'ASSOCIATION OU CONFRÉRIE DU SACRÉ-CŒUR DE JÉSUS, DANS L'ÉGLISE DES RR. PP. JÉSUITES DE LA VILLE DE GRENOBLE, ET LES INDULGENCES ACCORDÉES A PERPÉTUITÉ A LADITE CONFRÉRIE.

BENOIT PAPE XIII

Pour servir de mémoire à la postérité.

Comme nous avons appris qu'on a érigé, ou qu'on doit ériger canoniquement dans l'église du collège des clercs réguliers de la Compagnie de Jésus, de la ville de Grenoble, une pieuse et dévote confrérie de fidèles chrétiens de l'un et de l'autre sexes, sous le titre du Sacré-Cœur de Jésus, laquelle cependant n'est pas fixée à des personnes d'un métier particulier, et que les frères et sœurs de cette confrérie ont coutume ou intention de pratiquer plusieurs œuvres de piété et de charité. Nous, pour procurer de jour en jour de plus grands accroissements à cette confrérie, Nous confiant en la miséricorde de Dieu Tout-puissant, et en l'autorité de ses bienheureux apôtres Saint Pierre et Saint Paul, accordons miséricordieusement en Dieu, à tous les fidèles chrétiens de l'un et de l'autre sexes qui entreront en ladite confrérie, une entière rémission, et indulgence de leurs péchés le premier jour de leur entrée en icelle, pourvu que vraiment pénitents et confessés ils reçoivent le Très Saint Sacrement. Accordons pareille indulgence à l'article de la mort, à tous les confrères qui sont ou seront enrollés dans la même confrérie, pourvu aussi que sincèrement repentants et confessés, ils reçoivent la très sainte communion, ou en cas qu'ils ne puissent pas le faire, qu'étant contrits ils invoquent de bouche, ou du moins de cœur le saint nom de Jésus. Comme aussi accordons la même indulgence plénière auxdits confrères qui sont à présent ou qui seront à l'advenir dans ladite confrérie, qui visiteront tous les ans l'église, chapelle ou oratoire de la susdite confrérie (le jour de la fête principale d'icelle, que les confrères et sœurs eux-mêmes choisiront, et sera aprouvé par l'Ordinaire), depuis les premières vespres jusqu'au coucher du soleil dudit jour, et qui prieront dévotement pour la paix entre les princes chrétiens, pour l'extirpation des hérésies et pour l'exaltation de Notre Mère la Sainte Eglise. Nous accordons outre cela aux dits confrères, qui étant de même vraiment repentants, confessés et communiés visiteront ladite église, chapelle ou oratoire, quelqu'un des quatre autres jours, fêtés ou non fêtés, ou de dimanche, qui seront pareillement choisis par lesdits confrères une fois pour toujours, et aprouvés de même par l'Ordinaire, chacun desdits jours sept ans et autant de quarantaines d'indulgences. Et toutes les fois aussi qu'ils assisteront aux messes et autres offices divins qui se célèbreront ou chanteront dans l'église, chapelle ou oratoire de la confrérie, ou qu'ils se trouveront aux instructions publiques ou particulières d'icelle en quelque endroit qu'elles se fassent, ou qu'ils auront logé chez eux quelque pauvre, qu'ils auront reconcilié des ennemis, ou qu'ils auront procuré ou tâché de procurer leur reconciliation, ou qu'ils auront accompagné les corps des défunts, soit des confrères, soit des autres à la sépulture, ou qu'ils auront assisté aux processions qui se feront par permission de l'Ordinaire, qu'ils auront accompagné le Très Saint Sacrement de l'Eucharistie soit en procession, soit chez les malades, ou enfin de quelque manière, et en quelque endroit qu'on le porte, ou, si ne le pouvant, ils disent, dès qu'ils entendront sonner la cloche, un *Pater* et un *Ave*, ou lorsqu'ils réciteront cinq fois le *Pater* et l'*Ave* pour le repos des âmes des confrères trépassés, ou lorsqu'ils auront ramené quelque personne égarée à la voie du salut, ou qu'ils auront enseigné les commandements de Dieu, et les choses nécessaires au salut à ceux qui ne les savent pas ; ou enfin lorsqu'ils auront pratiqué quelques autres œuvres de charité ou de piété quelles qu'elles soient : autant de fois qu'ils auront fait quelqu'une des œuvres susdites, nous leur relâchons en la forme accoutumée de l'Église soixante jours des pénitences qui leur auront été enjointes, ou auxquelles ils sont obligés d'ailleurs en quelque manière que ce soit. Nous accordons les présentes afin qu'elles vaillent à perpétuité. Voulons néanmoins que si quelque autre indulgence avait été accordée ou à perpétuité ou pour un temps qui ne fût point encore expiré auxdits confrères qui feront les choses susdites, les présentes soient nulles ; que si ladite confrérie est déjà aggrégée à quelque archi-confrérie, ou si à l'avenir elle est aggrégée, ou unie en quelque manière, ou si elle est instituée en quelque autre façon que ce soit, ces Lettres Apostoliques et toutes autres ne leur puissent servir de rien, mais que dès lors elles soient nulles sans autre déclaration.

Donné à Rome, à Sainte Marie-Majeure, sous l'anneau du pêcheur, le troisième septembre mil sept cent vingt-sept et le quatrième de Notre pontificat.

Le cardinal Olivérius.

Jean de Caulet, par la permission divine et l'autorité du Saint Siège Apostolique, évêque et prince de Grenoble, abbé de Saint-Martin-de-Miseré, doyen du décanat de Savoie, conseiller du roi en ses conseils, etc., etc.

A tous les fidèles de notre diocèse, salut et bénédiction en Notre-Seigneur Jésus-Christ.

Nous consentons que ces indulgences soient publiées selon la teneur du Bref de notre Très Saint Père le Pape ; et que l'on prenne pour le jour de la fête du Sacré-Cœur de Jésus, dans l'église des lercs réguliers de la Compagnie de Jésus de cette ville, le Vendredi après l'Octave de la Fête-Dieu ; et que les quatre jours privilégiés de chaque année, soient les quatre dimanches qui suivent les quatre-temps.

Donné à Grenoble, dans notre palais épiscopal, sous le seing de notre vicaire général et sous notre sceau, avec la souscription de notre secrétaire, le trentième septembre mil sept cent vingt-sept.

Charles de Maubec, *vicaire général.*

De Lorme, *secrétaire*[1].

[1] *Archives de l'Isère.*

BREF DE NOTRE SAINT PÈRE LE PAPE POUR UN AUTEL PRIVILÉGIÉ EN FAVEUR DES ASSOCIÉS DÉFUNTS DE LA CONFRÉRIE DU SACRÉ-CŒUR DE JÉSUS.

BENOIT PAPE XIII

Pour servir de mémoire à la postérité.

Notre charité paternelle qui nous fait veiller au salut de tout le monde, nous engage à accorder de temps en temps aux saints lieux des brefs d'indulgences, afin que par là les âmes des fidèles trépassés puissent par les mérites de N.-S. Jésus-Christ, et les suffrages de ses saints être délivrés des flammes du Purgatoire, et arriver par ce puissant secours au salut éternel, par la miséricorde Divine. Voulant donc accorder cette grâce à l'église du collège des clercs réguliers de la Compagnie de Jésus de la ville de Grenoble, et à l'autel de la confrérie du Sacré-Cœur de Jésus dans ladite église, qui n'a pas eu jusqu'ici un semblable privilège, Nous confiant en la miséricorde du Dieu Tout-Puissant, et en l'autorité de ses Bienheureux Apôtres Saint Pierre et Saint Paul, Nous accordons et voulons que toutes les fois que quelque prêtre séculier ou règulier célébrera audit autel une messe de *Requiem* le jour de la Commémoraison des trépassés, ou l'un des jours de l'Octave, ou enfin le jour qui sera désigné chaque semaine par l'ordinaire pour l'âme d'un confrère qui sera mort dans la charité du Seigneur, cette âme obtienne du trésor de l'église indulgence par forme de suffrage ; en sorte que par les mérites de Notre-Seigneur Jésus-Christ, et l'intercession de la Très Sainte Vierge et de tous les saints elle soit délivrée des peines du Purgatoire. Et nous accordons ladite indulgence nonobstant toute autre Lettre à ce contraire. Les présentes devant valoir seulement pendant sept ans. Donné à Rome à Sainte-Marie-Majeure, sous l'anneau du pêcheur, le troisième septembre mil sept cent vingt-sept et le quatrième de notre pontificat.

LE CARDINAL OLIVERIUS [1].

Jean de Caulet, par la permission Divine et l'autorité du Saint-Siège Apostolique, évêque et prince de Grenoble, abbé de Saint-Martin-de-Miseré, doyen du décanat de Savoie, conseiller du Roi en ses conseils, etc. A tous les fidèles de notre diocèse, salut et bénédiction en Notre-Seigneur Jésus-Christ,

Nous consentons que ces indulgences soient publiées selon la teneur du Bref de Notre Saint Père le Pape, et que l'autel déterminé soit celui qui se trouve dans l'église des clercs réguliers de la Compagnie de Jésus de cette ville sous l'invocation du Sacré-Cœur de Notre-Seigneur Jésus-Christ. Nous consentons

[1] *Archives de l'Isère.*

aussi que le jour privilégié de chaque semaine soit le lundi.

Donné à Grenoble, dans notre palais épiscopal, sous le seing de notre Vicaire Général, sous notre sceau, et la souscription de notre secrétaire, le trentième septembre mil sept cent vingt-sept.

CHARLES DE MAUBEC, *vicaire-général.*

DE LORME, *secrétaire.*

Outre les jours susdits, on fait encore tous les premiers vendredis de chaque mois la communion dans la chapelle de l'association. Il y a des messes pendant tout le matin ; et, l'après midi, à cinq heures et demi en été, et à quatre heures en hyver, on expose le Très Saint Sacrement, par permission particulière de Monseigneur l'Evêque et prince de Grenoble, on y chante les litanies du Sacré-Cœur, et on fait l'amende honorable publique, et on donne ensuite la bénédiction du Très Saint Sacrement. On fait aussi dans ladite chapelle des exercices particuliers tous les vendredis à la même heure, et il y a soixante jours d'indulgences accordés par la bulle à ceux qui y assisteront [1].

[1] *Archives de l'Isère.*

RECONNAISSANCE
DES RESTES
DE
MADAME D'HERCULAIS

ORDONNANCE DE Mgr L'ÉVÊQUE DE GRENOBLE

Nous, Amand-Joseph Fava, par la miséricorde Divine et la grâce du Saint-Siège apostolique, évêque de Grenoble,

Attendu que le corps de dame d'Herculais, née de Valernod, qui était inhumé dans la chapelle de l'ancien collège des Jésuites de Grenoble (actuellement converti en lycée de filles), a été exhumé au cours de l'année 1891 et remis par la Ville à l'autorité diocésaine, qui en a confié la garde aux religieuses de Sainte-Ursule de Grenoble (monastère de Sainte-Marie-d'en-Haut);

Désirant faire procéder à la reconnaissance des restes de cette servante de Dieu, illustrée pendant sa vie par divers faits merveilleux et morte en odeur de sainteté;

Avons institué, à cet effet, et instituons par les présentes une Commission composée, savoir:

De M. Mussel, vicaire général, notre représentant;

De M. Rey, chanoine, vicaire général honoraire;

De M. Jean-Baptiste Charvet, docteur-médecin;

De M. Vincent-Martin, aumônier desdites religieuses de Sainte-Ursule;

Et de Mlle Marie-Aimée de Franclieu, biographe de ladite dame d'Herculais, née de Valernod.

Donné à Grenoble, le 29 mai 1892.

† AMAND-JOSEPH, *Evêque de Grenoble.*

Par mandement :

JACQUEMIN, *ch. secrétaire général.*

PROCÈS-VERBAL DE LA COMMISSION

Le 30 mai 1892, à une heure après-midi;

M. Mussel, vicaire général, représentant de Mgr l'Evêque;

M. Rey, chanoine, vicaire général honoraire;

M. Jean-Baptiste Charvet, docteur-médecin;

M. Vincent-Martin, aumônier des religieuses de Sainte-Ursule;

Mlle Marie-Aimée de Franclieu;

Tous membres de la Commission nommée par Mgr Fava, Evêque de Grenoble, pour la reconnaissance des restes de Marie de Valernod, dame d'Herculais, se sont réunis à l'aumônerie du monastère de Sainte-Marie-d'en-Haut, dans le but de procéder à cette reconnaissance.

Mme Marie du Saint-Esprit, née de Gournay, supérieure des Ursulines;

Mme Marie du Sacré-Cœur, née Sonier-Dupré, assistante;

Mme Sainte-Ursule, née Vieux-Vincent, zélatrice;

Ont bien voulu se joindre à eux, en qualité de témoins.

Le cercueil de plomb de la servante de Dieu, long de 1 mètre 70 cent., large de 46 cent., haut de 37 cent., était sous leurs yeux. Ils ont constaté qu'il avait été ouvert, dans toute sa longueur, sans pouvoir préciser le motif et l'époque de cette effraction [1].

L'inscription, en caractères romains, grossièrement gravée sur le couvercle, a attiré leurs regards. Nous la reproduisons, en la réduisant.

MARIE DE VALERNOD

VIGIL. TRINIT. AN. 1654 †

30 MAII

Pressé de faire connaître aux membres de la Commission ce qu'avait été Mme d'Herculais, au cours de ce XVIIe siècle si fécond en saints, M.

[1] Deux hypothèses s'offrent, que M. Mussel et les membres de la Commission tiennent à signaler :

Ou le cercueil peut avoir été ouvert par des voleurs, pressés de s'approprier les bijoux et pierreries avec lesquels on avait dû inhumer Mme d'Herculais; ou il a été ouvert par ceux qui, se souvenant de la vertu de cette vaillante chrétienne, voulaient garder quelques fragments de ses restes comme reliques.

Quoiqu'il en soit de ces deux hypothèses, le cercueil étant seul dans le caveau, la supposition qu'on pourrait faire de l'introduction d'ossements étrangers tombe d'elle-même.

Vincent-Martin a lu l'article que Guy-Allard lui consacre dans son dictionnaire, IIIe vol. p. 727.

« Marie de Valernod, dame d'Herculais, a été femme de Jean-Claude de Tournet, l'exemple des vertueuses de son temps, la gloire de son sexe par son esprit, l'honneur de son siècle par sa piété et le modèle des épouses qui veulent plaire à Dieu et s'accommoder aux volontés d'un mari. Elle a fait des abstinences, des mortifications, des charités et des actions si chrétiennes qu'on ne doute point qu'elle n'ait une place parmi les saints. Elle est morte il y a peu d'années, son corps repose dans l'église des Pères Jésuites de Grenoble, et son cœur en celle du premier monastère de la Visitation de la même ville. »

Comment le corps de la servante de Dieu, inhumé dans l'église des Jésuites, avait-il été découvert et apporté au monastère de Sainte-Marie, que son cœur n'a sans doute pas quitté?

M. Mussel, vicaire général, l'a demandé à Mlle Marie-Aimée de Franclieu, chargée de consulter M. Michon, l'architecte de la ville, M. Bugey, conducteur des travaux faits au lycée, et M. François Midol, l'un des ouvriers.

Elle a répondu que le 20 août 1891, les ouvriers occupés à transformer l'église des Jésuites, devenue l'église du lycée, en salle de gymnase, avaient découvert ce cercueil dans le caveau, situé sous la grande chapelle, à gauche de l'abside.

Ce caveau, dont aucune inscription ni armoirie ne décorait l'entrée, était rempli de trois pieds d'eau. Le conducteur des travaux, M. Louis Bugey, le prenant pour le conduit souterrain des eaux pluviales, n'y serait pas descendu s'il n'eût aperçu le cercueil.

Il était, en sa partie la plus étroite, soulevé contre les premières marches de l'escalier conduisant au caveau. Les ossements qu'il contenait avaient été rejetés dans sa partie la plus large.

Un peu plus loin, à droite, le long des parois du mur, M. Bugey trouva des étais de bois qui lui parurent avoir servi jadis de support au cercueil.

Les ouvriers l'enlevèrent et le portèrent dans la petite cour du lycée. Ils sondèrent ensuite le caveau, mais il ne contenait pas d'autre corps.

Les souvenirs laissés sur la terre par Mme d'Herculais avaient cessé d'être connus du public; aussi l'inscription du cercueil n'apprit-elle rien aux ouvriers, et ils eussent jeté au vent les restes qu'il contenait, si M. Maignien, conservateur de la bibliothèque de la ville, ne fut venu et n'eût obtenu du maire de Grenoble, M. Gaché, de le faire porter à la bibliothèque.

On le déposa dans une des vitrines de la grande salle où il passa sept mois.

Ce n'était pas là sa place. Le 20 mars 1892, M. Gaché le comprit, et cédant aux sollicitations de M. Vincent-Martin, aumônier des Ursulines, mandataire de Mgr Fava, Evêque de Grenoble, permit qu'on le transférât au monastère de Sainte-Marie.

La translation se fit le 22 mars. Les temps douloureux que nous traversons obligèrent M. Vincent-Martin d'éviter toute manifestation extérieure.

Aidé de deux facteurs, il déposa le cercueil dans une petite charette, sur laquelle il jeta une couverture de laine blanche. Les facteurs devaient tirer la petite charette, en se relayant tour à tour.

C'est dans ce modeste appareil, rappelant les persécutions des premiers siècles, que les dépouilles mortelles de Mme d'Herculais ont été conduites de la bibliothèque de la ville à Sainte-Marie, par les rues Villars, Saint-Vincent-de-Paul, du Lycée, la place Grenette, l'ancien pont de Pierre et la montée de Rabot.

M. Rey, chanoine et vicaire général honoraire de l'Église de Grenoble, s'adjoignit à l'humble cortège près de la porte Rabot.

On arriva à Sainte-Marie, non sans fatigue, car

le cercueil était lourd et avait été mal assujetti sur la petite charette.

Mme du Saint-Esprit de Gournay, supérieure des Ursulines, et ses deux assistantes reçurent avec bonheur les restes de la servante de Dieu.

Elles les accompagnèrent à l'ancien caveau des Visitandines (situé au-dessous du chœur de leur chapelle), en admirant ainsi que M. Rey et M. Martin les voies de la Providence.

Ces restes étaient enlevés à l'église du lycée à l'heure où la Sainte Eucharistie en était bannie: ils allaient attendre la résurrection à quelques pas de l'autel où s'offre tous les jours le Dieu trois fois saint, près des corps des religieuses Gasparde Meney, Constance de Bressand, Séraphique de Chevrières, qui avaient connu, aimé et vénéré sur la terre Mme d'Herculais.

Les réponses au sujet de la découverte du corps et de sa translation à Sainte-Marie ayant été données à M. Mussel, il a fait ouvrir le cercueil.

Tous les membres de la Commission et les témoins l'ont entouré et ont considéré quelque temps les ossements de la servante de Dieu.

La mort n'avait pas seulement fait son œuvre; le temps et les eaux, en pénétrant dans le caveau, avaient également fait la leur. Ces ossements étaient presque tous plus ou moins détériorés et recouverts d'une boue desséchée. De nombreux débris de planches de chêne, provenant sans nul doute du cercueil de bois dont le cercuil de plomb avait été doublé, étaient mêlés aux ossements et à la poussière.

M. le docteur Charvet, procédant médicalement, a retiré alors la tête du squelette, qu'il a reconnu être celle d'une femme. La base inférieure du crâne était brisée et séparée de la partie supérieure; les machoires supérieure et inférieure manquaient de dents, quoique les alvéoles qui les avaient portées jadis fussent restées intactes. On ne les a pas trouvées davantage dans la poussière contenue dans le cercueil, ni parmi les petites pierres que les eaux y avaient laissées, et qu'on a passées au crible, ainsi que la poussière avec beaucoup de soin.

Les vertèbres, dont plusieurs étaient brisées, gisaient disséminées dans cette poussière, ainsi que les clavicules, assez bien conservées, les os des bras, les côtes, les tibias, les fémurs...

Quoique fracturés, les os du bassin n'ont pas laissé à M. le docteur le moindre doute sur l'identité du sexe du squelette.

La gracilité des insertions musculaires des membres supérieurs, soit de droite, soit de gauche, remarquée par M. le docteur, lui ont permis également d'affirmer que ce squelette était celui d'une femme de la haute société.

Diverses mesures prises sur les membres de cette femme, lui ont prouvé encore (d'après les tableaux dressés par Orfila), qu'elle pouvait avoir 1 mètre 52 cent. de hauteur.

On n'a pu reconnaître que trois ou quatre os seulement des mains et des pieds. Quoique la poussière contenue dans le cercueil fut remplie de débris impossibles à déterminer, M. Rey et M. Charvet se sont néanmoins étonnés de cette absence presque complète des extrémités.

Tandis que M. le docteur poursuivait ainsi le cours de ses investigations, Mmes de Gournay, Sonier-Dupré, Vieux-Vincent et de Franclieu détachaient soigneusement avec des brosses la terre qui, sous l'action de l'eau, s'était coagulée contre les ossements.

Ce travail achevé, les ossements ont été liés selon leur espèce et fixés méthodiquement et symétriquement par des rubans blancs, retenus par des épingles d'acier, au fond d'un coffre que M. Mussel venait de bénir.

Ce coffre est de bois de noyer, long d'un mètre, large de 30 cent., et d'une hauteur de 15 cent., tendu et capitonné de moire antique blanche, avec cette inscription gravée sur une plaque de métal : OSSEMENTS DE MARIE DE VALERNOD, DAME D'HERCULAIS, NÉE A SAINT-VALLIER, VERS 1619; MORTE A GRENOBLE, EN ODEUR DE SAINTETÉ, LE 30 MAI 1654.

Les lots d'ossements, au nombre de douze, sont placés dans ce coffre, sous les scellés et séparément. Les cachets sont de cire rouge et portent l'empreinte du sceau épiscopal. Divers petits ossements ou fragments d'ossements ont été mis à part et distribués. M. Mussel, M. Martin, Mlle de Franclieu en ont reçu. Déjà M. Rey et M. Cyprien Perrossier, archiviste du diocèse de Valence, en avaient demandé et obtenu. D'autres ont été gardés par les religieuses Ursulines.

Tous ceux qui, trop petits, n'avaient pu être séparés de la poussière contenue dans le cercueil, ont été — ainsi que cette poussière — enfermés dans trois sacs de satin blanc et scellés du sceau de l'Évêché.

L'ordonnance de Mgr Fava, évêque de Grenoble, l'enquête de M. le docteur Charvet, et le procès-verbal de reconnaissance des restes de Marie de Valernod, dame d'Herculais, ont été déposés dans le coffre de bois de noyer, lequel a été lié de rubans de toile blanche se croisant au milieu du coffre, et scellés au point de croisement supérieur du sceau de l'évêché, en cire rouge, et mis avec les sacs de satin blanc dans le cercueil de plomb.

Deux brides de zinc soudées entourent et lient cet ancien cercueil, lequel a encore été entouré de rubans de toile, sur lesquels a été apposé le sceau épiscopal, également de cire rouge.

Sans le savoir, par conséquent sans le vouloir, les membres de la Commission, après avoir vainement tenté de se réunir la semaine précédente, pour cette reconnaissance, ont choisi le 30 mai, jour anniversaire de la mort de la servante de Dieu.

Lecture du procès-verbal ayant été faite devant les membres de la commission, ils l'ont tous signé.

F. Mussel, *vicaire général;*
Rey, *chanoine;*
J.-B. Charvet, *docteur médecin;*
C. Vincent-Martin, *aumônier des Ursulines,*
Aimée-Marie de Franclieu;
Sr Marie du Saint-Esprit, née de Gournay, *supérieure;*
Sr du Sacré-Cœur, née Sonier-Dupré, *assistante;*
Sr Sainte-Ursule, née Vieux-Vincent, *zélatrice.*

ENQUÊTE DE M. LE Dr CHARVET

Honoré de la confiance de Sa Grandeur, nous avons été prié de nous rendre, ce 30 mai 1892, à une heure de l'après-midi, au monastère des Ursulines de Grenoble, à Sainte-Marie-d'en-Haut, à l'effet de procéder, en présence d'une Commission nommée, à une enquête sur les restes d'un squelette humain, pour en reconnaître l'identité et donner notre opinion à ce sujet.

IDENTITÉ DE LA PERSONNE

Cercueil de plomb. Le couvercle a trois pans coupés; sur celui du milieu une épitaphe gravée en lettres romaines, et un cœur percé de deux flèches.

Ledit couvercle avait été pourfendu dans toute sa longueur à une époque indéterminée. L'ayant soulevé, nous avons trouvé un agglomérat d'os humains confondu avec des petits graviers, des débris d'écorce de bois de chêne, dus probablement aux restes d'un premier cercueil, mais aucun vestige de linceul, de vêtements, ni autres objets, à part un petit débris métallique, peut-être une croix.

Procédant alors os par os, nous avons retiré du cercueil une tête de femme. La partie inférieure du crâne est brisée, et les deux os temporaux disloqués et séparés de leur position normale.

Les machoires supérieures n'ont aucune dent; Il en est de même de la machoire inférieure: ce fait est d'autant plus singulier qu'il nous a été impossible d'en retrouver même une seule dans les poussières ou graviers qui ont été passés scrupuleusement au crible, afin que le moindre objet intéressant ne pût échapper à notre investigation.

Les clavicules sont en bon état, il en est de même du sternum. Quelques vertèbres sont brisées, elles sont disséminées, perdues dans les poussières ou petits graviers. Nous leur donnons leur place normale et les y maintenons en les traversant d'un lien.

Les os du bassin sont en partie brisés, mais il nous a été facile de les reconstituer et de pouvoir affirmer sans hésitation qu'ils avaient appartenu à une personne du sexe féminin.

Les membres supérieurs droit et gauche ne sont pas en trop mauvais état; et par la gracilité des insertions musculaires nous pouvons affirmer qu'ils ont appartenu, non-seulement à une femme, mais à une femme de la haute société, ne s'étant jamais livrée à des travaux pénibles. De plus d'après les diverses mesures prises sur les os des membres, et d'après les tableaux sur la stature humaine dressés par Orfila, la personne vivante aurait du avoir 1 mètre 52 cent.; enfin aucun de ces ossements n'a éprouvé de fracture pendant la vie.

Après cette scrupuleuse enquête sur toutes les diverses parties du squelette qui ont été passées à la brosse, nous les avons triées une à une.

Nous avons été étonnés de n'avoir rencontré aucun des os des mains et des pieds; nous n'en avons rencontré aucun dans les opérations du passage des poussières à la grille.

Ces opérations terminées, nous avons lié ensemble les membres supérieurs droits, les gauches. Nous en avons fait de même pour les os des membres inférieurs. C'est alors que nous avons déposé ces divers lots, méthodiquement et symétriquement, dans une caisse de bois capitonnée, revêtue d'une étoffe de soie blanche moirée, caisse d'un mètre de long, de 15 cent. de haut et de 30 cent. de large.

Chaque lot, préalablement lié en faisceau, a été fixé au fond de ladite caisse au moyen de rubans retenus préalablement par des épingles, et retenant les ossements par un ou plusieurs nœuds, scellés chacun par de la cire rouge, portant l'empreinte du sceau épiscopal.

Ce travail terminé, le cercueil de plomb a été renversé pour en faire sortir tous les infimes débris ou poussière, brassés également. C'est alors que la nouvelle caisse de noyer y a été déposée au milieu de la longueur, ainsi que trois sacs de satin blanc renfermant toute la quantité de graviers ou de sable retirée du cercueil, qui avait été passée au crible, et contenant une certaine quantité de petits débris d'ossements méconnaissables.

Un exemplaire de chaque pièce des divers procès-verbaux, y compris celui du docteur Charvet, concernant les détails anatomiques, a été placé dans un cylindre de verre fermé à chaque extrémité par un bouchon en liège enfermé lui-même dans un cylindre en zinc scellé en dernier lieu du sceau épiscopal.

En foi de quoi le présent rapport a été dressé conforme à la vérité.

Le 8 juin 1892.

B. CHARVET.

TABLE

GRENOBLE, IMPR. BARATIER ET DARDELET

www.ingramcontent.com/pod-product-compliance
Ingram Content Group UK Ltd.
Pitfield, Milton Keynes, MK11 3LW, UK
UKHW021130260726
13994UKWH00001B/83

9 782329 445373